KB272286

ETF 불패의 법칙

ETF
불패의 법칙
제이투 지음
월급만으로 10억 불리고
월배당 500만 원 받는
40대 파이어족의
투자 전략
45
여의도
책방

--- **차례** ---

1부   게으른 투자가 승리한다
20대부터 80대까지 평생 직업으로서의 투자

2부 15년 실전 투자로 증명한 필승 가이드
수학처럼 명쾌한 ETF 투자법, 무조건 수익 나는 구조 만들기

3부 기적의 우상향 투자 시뮬레이션
월 30만 원을 10억 원으로 만드는 복리의 마법

4부 미래 기술의 심장, 반도체 ETF 완전정복
집중투자 1억, 월 50만 원으로 만드는 10억 플랜

5부 배당금, 퇴직금으로 우상향 포트폴리오 만들기
배당만으로 월 500만 원 은퇴자금 설계하기

6부 성향별·세대별 맞춤 포트폴리오
나만의 맞춤형 투자 로드맵

15년의 투자 경험,
두 권의 ETF 책을 출간하고 얻은 통찰

27살에 주식 투자를 시작해 어느덧 15년이라는 시간이 흘렀습니다. 수많은 실패와 성공이 교차하는 험난한 시장에서 도망치지 않고 끝까지 살아남은 덕분에, 저는 42살에 경제적 자유를 얻어 꿈꾸던 삶을 살고 있습니다. 이 치열한 경험을 통해 제가 얻은 가장 중요한 통찰은 결국 '기본'에 충실해야 한다는 것입니다.

시중에는 방대한 정보를 담은 수많은 ETF 책이 있습니다. 하지만 전문가인 제가 보기에도 그 내용들은 지나치게 복잡합니다. 수백 개의 종목을 일일이 분석해 내 상황에 맞게 적용하기란 일반 투자자에게는 대단히 버거운 일이죠. 독자 여러분 역시 책을 덮고 난 뒤 "그래서 대체 어떻게 투자하라는 거지?"

라는 막막함을 느꼈을 것입니다. 돌고 돌아 제자리걸음을 하면서도, 서점에 새로운 책이 나오면 트렌드에 뒤처질까 불안해하며 또 지갑을 여는 악순환을 반복하게 되죠. 저는 지금 이 책 한 권으로 그 답답한 악순환의 고리를 끊어드리려 합니다.

2024년에는 기본서인 《ETF 사용설명서》를, 2025년에는 심화서인 《39세 부자 아빠의 레버리지 ETF 투자 노트》를 출간하며 ETF 투자의 전 과정을 독자들과 나누었습니다. 두 권의 책을 집필하며 제가 도달한 최종 결론은 'ETF 투자는 결코 복잡할 필요가 없다'는 것입니다. 단순하고, 쉽고, 게으르게, 그러나 확실하게 수익을 낼 수 있는 방법이 있으니까요.

요즘 커피숍에 가면 어머님들끼리 ETF 이야기를 나누는 모습을 심심찮게 볼 수 있습니다. 과거 주식에 관심 없던 계층까지 ETF 시장에 주목하고 있는 것이죠. 이는 이재명 정부의 강력한 부동산 억제 정책으로 시중의 풍부한 유동성이 주식시장으로 빠르게 이동했기 때문입니다. 게다가 5월부터 비트코인에 22% 과세가 추진된다는 소식은 대한민국의 거대한 자금 흐름이 주식시장으로 집중되고 있음을 시사하죠.

현 정부는 경기 침체의 원인으로 부동산 시장을 지목합니다. 대한민국 가계 자산의 70% 이상이 부동산에 묶여 있기 때문이죠. 부동산은 인플레이션 방어와 자산 가치 상승에 대한

기대감이 커 많은 이들이 뛰어드는 시장이지만 부작용도 만만
치 않습니다. 월급의 상당 부분이 대출 원리금 상환으로 은행
에 빠져나가다 보니, 시중에 돈이 돌지 않는 '돈맥경화' 현상이
발생하죠.

반면 미국은 어떨까요? 미국은 우리와 정반대로 자산의
70% 이상을 금융자산에 투자합니다. 미국 증시는 개장 이래
연평균 10%씩 꾸준히 우상향해왔습니다. 즉, 원칙을 지켜 미
국 시장에 장기 투자했다면 10%의 복리 수익을 누리며 100%
성공적인 투자를 할 수 있었다는 뜻입니다.

이러한 미국의 저력은 바로 '유동성'에서 나옵니다. 풍부한
유동성은 금융자산을 꾸준히 상승시키고, 미래의 소득을 현재
의 가처분 소득으로 바꾸어 놓습니다. 부동산 투자는 부채 상
환으로 돈이 묶이는 반면, 주식 투자는 자산 증식을 통해 새로
운 소득원을 창출합니다. 자산이 늘어난 투자자들은 소비를 늘
리고, 이 돈이 경제의 혈관을 타고 빠르게 순환하며 국가 경제
전체를 성장시킵니다. 이것이 바로 세계를 이끄는 미국의 힘인
거죠.

최근 우리나라에도 이러한 미국의 투자 트렌드를 따라가려
는 확고한 움직임이 나타나고 있습니다. 평소 투자에 관심 없
던 어머님, 아버님 세대부터 2030 청년층까지 세대와 성별을
불문하고 주식시장으로 몰려들고 있죠.

하지만 제가 15년간 경험한 투자 시장은 냉혹했습니다. 기본기 없이 뛰어들었을 때 운 좋게 당장 수익을 낼 수도 있었지만, 결국 시장의 수많은 잡음에 흔들려 자본을 잃고 실패하기 십상이었죠.

우리가 투자하는 궁극적인 이유는 노후 준비와 풍요로운 삶입니다. 단기 대박이 아니라, 은퇴 후에도 평생 현금이 창출되는 '자동 수익 시스템'을 구축해 진정한 자본가로 살아가는 것이 목표여야 하죠. 워런 버핏에게 투자가 평생 직업이듯 말입니다. 따라서 우리는 일확천금을 노리는 조급함에서 벗어나야 합니다. 조금 느리더라도 여유를 가지고 원칙을 지키며 확실하게 이기는 투자 공식을 훈련해야 합니다. 투자는 기본을 지키며 단순하고 지루한 과정을 끝까지 버텨내는 사람이 승리하는 게임입니다.

이 책은 총 6부로 구성되어 있습니다. 1부는 왜 투자 전략을 단순하게 설계해야 하는지, 그리고 '게으르지만 안전하고 확실하게' 수익을 내기 위한 마인드셋을 다룹니다. 2부는 15년 실전 경험이 응축된 '실패하지 않는 우상향 투자 공식 6단계'를 소개합니다. 수학 공식처럼 우상향 자산에 대입하기만 하면 되는 이 방법론을 통해 하루 3분이면 충분히 효율적인 투자를 경험하실 수 있습니다. 3부는 이 6단계 공식을 미국 지수

ETF에 직접 적용해봅니다. 월 30만 원, 50만 원, 100만 원 등 투자금별 시뮬레이션을 통해 독자 여러분 각자의 상황에 맞는 목표와 투자 금액을 함께 설계해드립니다. 4부는 공격적인 투자자를 위해, 꾸준히 우상향하면서도 수익을 극대화할 수 있는 '미국 반도체 ETF' 투자 시뮬레이션을 진행합니다. 5부는 5,000만 원 거치식 투자와 월 50만 원 적립식 투자를 병행해 은퇴 후 '월 500만 원의 배당 월급'을 만드는 구체적인 실행 방안을 보여줍니다. 아울러 국내 상장 해외 ETF를 활용한 퇴직금 관리 비법도 공개합니다. 6부는 앞서 배운 ETF 우상향 개념과 6단계 공식을 종합해, 각자의 투자 성향과 세대, 은퇴 시점에 맞춘 완벽한 평생 자산관리 포트폴리오를 완성합니다.

제이투 작가가 약속드리는 ETF 투자

1. 여러분의 투자 근심을 줄여드리겠습니다.

2. 여러분의 투자 시간을 줄여드리겠습니다.

3. 단순한 투자 철학으로 확실하게 수익 내는 방법을 알려드리겠습니다.

4. 100% 실패하지 않는 투자 비법을 알려드리겠습니다.

복잡한 ETF 공부는 이 책 한 권으로 끝내십시오.

그리고 아낀 시간과 에너지를 여러분의 소중한 일상에 온전히 투자하시기 바랍니다.

1부

게으른 투자가 승리한다

20대부터 80대까지
평생 직업으로서의 투자

게으르게 투자해도 괜찮다!
'전원 버핏'이 증명한 시간의 법칙

연예계 대표 '재테크의 신' 전원주 씨는 투자 시장에서 '느림의 미학'을 실천하는 것으로 유명합니다. 1987년 종잣돈 500만 원으로 시작해 수십억 자산가로 거듭난 그녀를 사람들은 '전원 버핏'이라 부릅니다. 특히 2011년 2만 원대에 매수한 SK하이닉스 주식이 최근 80만 원을 넘나드는 와중에도 흔들림 없이 장기 보유하며 40배 이상의 경이로운 수익률을 기록 중입니다.

예능 프로그램 〈유 퀴즈 온 더 블럭〉에 출연한 그녀는 "파는 재미보다 사서 모으는 재미가 쏠쏠하다"며 노년의 여유로움을 예찬했습니다. 전원 버핏이 증명한 느림의 미학은 우리에게 '조금은 게으르게 투자해도 괜찮다'는 강력한 위로와 깨달음을 줍니다.

세계 최고의 투자자 워런 버핏 역시 누구보다 '게으르게' 투자합니다. 그는 하루 종일 신문과 책을 읽으며 마치 베짱이처럼 시간을 보냅니다. 시장에 버블이 끼어 남들이 열광할 때도 흔들림 없이 자신만의 루틴을 지킵니다. 그러다 거품이 꺼지고 큰 조정장이 오면, 그동안 쌓은 지혜를 바탕으로 저평가된 우량주를 쓸어 담기 시작하죠. 확신을 갖고 매수한 뒤에는 마치 겨울잠에 든 곰처럼 장기간 '동면'에 들어갑니다. 원하는 주식을 발견하고 기회가 올 때까지 섣불리 움직이지 않습니다. 아이러니하게도 세상에서 가장 게을러 보이는 그가 세상에서 가장 성공한 투자자입니다.

정보의 속도가 투자 수익을 보장하지는 않습니다. 대한민국은 세계 최고 수준의 인터넷 속도를 자랑하는 정보 강국입니다. 하지만 넘쳐나는 정보는 때로 독이 됩니다. SNS와 뉴스를 통해 타인의 수익 인증이나 급등주 소식을 무방비로 접하다 보면, '나만 뒤처지는 것은 아닐까' 하는 불안감과 자괴감에 빠지기 쉽습니다. 남과 비교하는 문화가 투자 심리까지 흔들어 놓는 것이죠.

이러한 불안감은 결국 원칙을 무너뜨립니다. 애초에 다짐했던 느긋한 장기 투자의 철학을 버리고, 대중이 우르르 몰리는 테마주를 쫓아가게 만들죠. 대표적인 사례가 2023년 대한

민국을 휩쓸었던 이차전지 열풍, '에코프로'입니다. 전기차 시장의 장밋빛 미래와 함께 2만 원대에서 30만 원(액면분할 수정주가 기준)까지 쉼 없이 치솟자, 평소 투자와 거리가 멀었던 사람들조차 원칙을 깨고 배터리 관련주에 뛰어들었습니다.

결과는 어땠을까요? 처참했습니다. 영원히 오를 것 같던 주가는 고점 대비 85% 이상 폭락하며 수많은 투자자에게 깊은 상처를 남겼습니다. 급등주는 무척 달콤해 보이지만, 10번 중 9번을 성공해도 단 1번의 실패로 모든 것을 잃을 수 있는 덫과 같습니다.

투자에 성공하는 가장 확실한 방법은 남들과의 비교를 끊어내고 '나만의 속도'를 지키는 것입니다. 이것이 바로 이 책이 추구하는 핵심 철학, '게으른 투자'의 본질이죠.

단순함의 힘, 복잡한 세상을 이기는 '원씽(The ONE Thing)' 투자 법칙

게리 켈러는 저서 《원씽(The ONE Thing)》에서 이렇게 묻습니다. "당신이 할 수 있는 단 하나의 일, 그것을 함으로써 다른 모든 일을 쉽게 혹은 필요 없게 만들 그 일은 무엇인가?"

이는 더하기보다 '뺄셈의 미학'을 강조한 말입니다. 우리는 그동안 너무 복잡하게 살아왔습니다. 무언가를 덜어내기보다 계속해서 더하는 데 익숙하죠. 새해가 되면 다이어리에 10개가 넘는 목표를 꽉꽉 채워 넣지만, 결국 지키지 못해 자책하고 스트레스를 받습니다. 1년을 돌아보면 딱히 이룬 것 없는 한 해가 되기 일쑤입니다. 켈러는 불필요한 80%를 과감히 덜어내고, 진짜 해낼 수 있는 핵심 20%에 집중해야 한다고 강조합니다. 책에서 말하는 '단 하나에 집중하는 힘'은 복잡함에 길을 잃은 현대인에게 꼭 필요한 철학입니다.

저는 이 철학을 접목해, 게으르고 단순하게 투자하는 법을 '원씽 투자'라고 부르겠습니다. 왜 복잡함보다 단순함이 더 강력한 힘을 발휘할까요? 성공은 1~2년에 끝나는 단기전이 아니라, 10년 이상 이어지는 마라톤이기 때문입니다. 투자도 마찬가지입니다. 워런 버핏조차 37세가 되어서야 처음으로 100만 달러를 모았습니다. 우리가 아는 200조 원대 자산가의 현재 모습과는 사뭇 다릅니다. 버핏에게 투자는 평생의 '업(業)'이었습니다. 우리 역시 20~30대에 투자를 시작한다면 은퇴 후 80세까지는 투자를 이어가야 합니다. 장기간 시장에서 살아남아 죽을 때까지 자본가로 살아가려면, 투자 구조를 최대한 단순하게 설계해야만 합니다.

워런 버핏의 투자 철학 역시 '단순함'에 있습니다. 그는 자신이 잘 아는 확실한 하나에 집중했고, 끈질기게 밀고 나갔습니다. 코카콜라 장기 투자가 그 대표적인 예입니다. 버핏은 복잡한 투자 환경을 꺼리며, 특히 기술주 투자를 오랫동안 멀리해왔습니다. 미래 기술은 너무 빠르게 변하고, 벌어들인 수익의 상당 부분을 기술 개발에 재투자해야 하므로 주주에게 배당금으로 환원하기 어려운 구조라고 판단했기 때문입니다.

대신 그는 강력한 브랜드 지배력을 가진 단순한 비즈니스 모델을 선호했습니다. 단순하고 확실한 기업에 투자해 장기 보유하는 전략이죠. 1994년에 코카콜라 주식 4억 주를 매수한 버핏은 현재까지 30년 넘게 이 주식을 굳건히 보유하고 있습니다. 누적 수익률은 2,000%를 훌쩍 넘으며, 매년 받는 막대한 배당금은 코카콜라 CEO의 연봉보다도 많습니다.

우리가 도전하는 어떤 일이든 성공하려면 구조를 단순화해야 합니다. 반복해서 실패하는 이유는 대부분 그 과정이 너무 복잡하기 때문입니다. 은퇴 후 창업을 한다고 가정해봅시다. 수십 가지 메뉴를 파는 '김밥천국'과 단일 메뉴로 승부하는 '갈비탕 전문점' 중 어디가 더 성공 가능성이 높을까요? 당연히 후자입니다. 메뉴가 복잡해지면 인건비, 재료 관리, 테이블 회전율 등 모든 면에서 불리해집니다.

다이어트도 똑같습니다. 헬스장에 등록하는 것도 좋지만, 일상에서 당장 할 수 있는 계단 오르기나 간단한 홈트레이닝처럼 구조가 단순해야 지치지 않고 매일 실천할 수 있습니다. 헬스장을 끊어놓고도 안 가는 이유는 옷을 갈아입고 이동하는 그 2~3단계의 과정이 귀찮기 때문입니다. 투자도 마찬가지입니다. 구조가 복잡하면 장기간 루틴을 유지하며 시장에 남아있기 힘듭니다.

앞으로 저는 이 책에서 ETF '원씽 투자'를 통해 투자 구조를 단순하게 짜는 훈련을 함께할 것입니다. 단기 수익에 목매는 대신, 조금은 게으르더라도 일상의 행복을 온전히 누리며

80세까지 안정적으로 경제적 자유를 향해 나아가는 길을 제시하겠습니다. 그 중심에 바로 ETF가 있습니다.

제가 두 권의 책을 출간하고 경제적 자유에 이를 수 있었던 비결도 이 '단순한 ETF 투자'에 있습니다. 돌아보면 저는 투자 공부에 많은 시간을 쏟지도, 매매를 자주 하지도 않았습니다. 버핏처럼 기회가 왔을 때 저가에 사서 원하는 목표까지 묵묵히 들고 갔을 뿐입니다.

예를 들어 반도체 산업에 투자하고 싶다고 해봅시다. 수많은 국내외 반도체 기업과 장비, 부품 회사들을 일일이 분석하고 복잡한 공정과 미래 방향성까지 완벽히 예측하는 것은 사실상 불가능에 가깝습니다. 하지만 이 모든 것을 아우르는 '반도체 ETF'를 선택하면 개별 기업 공부에 대한 근심과 걱정을 단번에 덜어낼 수 있습니다. 우리가 분석해야 할 것은 오직 '앞으로 반도체 산업이 전반적으로 성장할 것인가?'라는 한 가지 질문뿐입니다. 방향성만 맞는다면, 복잡한 미래 기술 투자는 '반도체 ETF'라는 하나의 정답(ONE Thing)으로 명쾌하게 귀결됩니다.

단기 투자 vs 장기 투자, 데이터가 증명하는 불패의 진실

투자 상담을 하다 보면 안타까운 순간이 참 많습니다. 몸이 크게 망가지고 나서야 병원을 찾듯, 투자 습관이 완전히 무너지고 큰 손실을 본 뒤에야 도움을 요청하는 분들이 대부분이기 때문입니다. '조금만 일찍 만났더라면 실수를 줄이고 자신만의 투자법을 찾으셨을 텐데' 하는 아쉬움이 남습니다. 하지만 지금이라도 실패를 반면교사 삼아 다시 배우려는 마음만 있다면 결코 늦지 않았습니다. 숱한 실패를 겪고도 포기하지 않는 사람만이 결국 최종적인 성공에 도달하니까요.

상담 중에 단골로 등장하는 고민이 하나 있습니다. "아이 계좌로 사둔 종목은 수익이 크게 나는데, 제 계좌는 마이너스예요. 어쩌면 좋을까요?" 생각보다 이런 질문을 하시는 분들이 많습니다. 투자의 대가 앙드레 코스톨라니는 "우량주를 사고 수면제를 먹어라. 10년 뒤에 깨어나면 부자가 되어 있을 것이다"라고 조언했습니다. 단기 투자보다 장기 투자의 중요성을 강조한 명언입니다. 말은 쉽지만, 막상 장기 투자를 다짐하고도 단기 매매의 유혹에 빠져 실패를 맛보는 경우가 대다수입니다.

그렇다면 사람들은 왜 유독 아이들의 투자 계좌에서 성공을 경험할까요? 성인이 될 때까지 묻어두어야 하니 어쩔 수 없이 '강제 장기 투자'를 하게 되기 때문입니다. 예를 들어, 5살 아이 명의로 미국의 배당 성장 지수를 추종하는 대표적인 ETF인 SCHD에 투자했다고 가정해봅시다. 과거 데이터를 추적해보면 SCHD는 연평균 주가 상승률 13.1%, 배당 수익률 3.8%가량을 주주에게 안겨주었습니다. 매년 받는 배당금까지 재투자했다면 연평균 16%라는 놀라운 복리 수익이 발생합니다.

아이들은 어른이 되기까지 시간이 넉넉해 느긋하게 투자할 수 있고, 그 덕분에 큰 복리 효과를 누립니다. 반면 어른들은 늘 무언가에 쫓기듯 불안하게 투자합니다. 아래의 투자자별 연평균 수익률 비교표를 살펴보며 그 차이를 확인해보겠습니다.

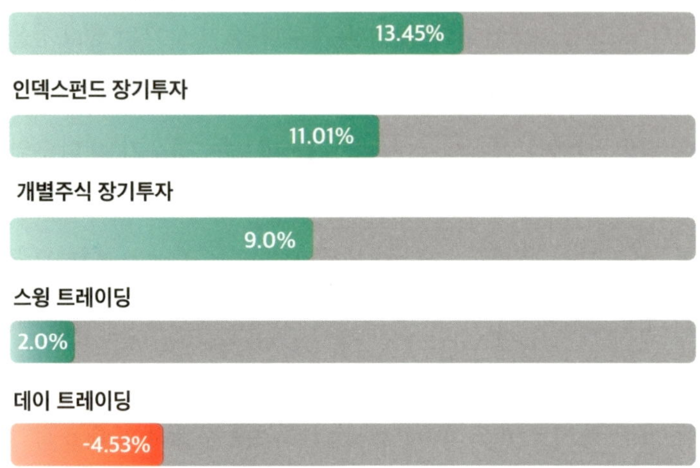

데이터 출처: S&P500 역사적 데이터, 브라질 거래소 연구, 대만 거래소 연구(2025년 기준)

워런 버핏이 추천한 S&P500 지수 장기 투자는 연평균 13.45%라는 높은 수익률을 기록했습니다. 일반 인덱스 펀드 장기 투자자 역시 11%의 수익을 냈습니다. 반면, 단기 투자의 전형인 스윙 투자자나 데이 트레이더의 경우 수익률이 2% 남 짓이거나 오히려 마이너스를 기록한다는 것을 데이터를 통해 알 수 있습니다.

왜 이런 현상이 나타날까요? JYP 박진영 프로듀서는 과거 걸그룹 트와이스에게 성공에 관해 이렇게 조언했습니다. "단 기적으로는 재능 있는 사람이 성공할 수 있지만, 장기적으로는

　　　　　　　　　　　　　　　　　　　　ETF 불패의 법칙

하기 싫은 일을 꾸준히 해내는 사람이 결국 성공한다.” 투자도
마찬가지입니다. 원칙을 지키는 투자는 때로 지루합니다. 주
변에서 급등주나 테마주로 몇백 퍼센트 수익을 냈다는 소리를
들으면, 나만 뒤처지는 것 같아 당장이라도 뛰어들고 싶은 생
각이 굴뚝같아집니다. 하지만 조급한 마음에 뒤늦게 들어가 보
면 이미 ‘상투(고점)’일 때가 대부분입니다.

장기 투자로 접근한 아이들의 계좌 수익률이 높고, 개별주
식에 쫓기듯 투자한 어른들이 손실을 보는 이유가 바로 여기
에 있습니다. 아이들의 계좌처럼, 우리의 투자에도 여유가 필
요합니다.

우상향 복리 개념을 적용하면 자산은 꾸준히 성장합니다.
내 자산의 성장을 어느 정도 예측할 수 있다면, 때로는 마음 편
히 자산을 꺼내어 소비하며 삶을 즐겨도 됩니다. 장기 우상향
투자는 예측 가능하며 안정적으로 부를 쌓게 해줍니다. 반면,
단기 투자는 늘 불안하고 예측 불가능해 오히려 성공과 멀어
지는 ‘부의 함정’에 빠지기 쉽습니다. 자, 여러분은 어떤 투자
를 하시겠습니까?

경제적 자립을 앞당기는
인생 우상향 방정식

우리는 SNS를 통해 성공한 사람들의 화려한 결과를 접하게 됩니다. 그곳에서는 모두가 부자인 것처럼 보이죠. 자유롭게 해외여행을 떠나고 오마카세를 즐기며, 투자 수익을 얻습니다. 그리고 "내가 성공했으니 당신도 경제적 자유에 도달해 이 편안한 삶으로 들어오라"고 속삭입니다. 경험이 부족한 사람은 '나만 뒤처지는 것은 아닌가' 하는 의구심을 품은 채 그들의 결과를 좇기 바쁘죠. 하지만 이상하게도 그들이 말하는 성공에 다가가려 할수록 오히려 목표와 멀어지는 경험을 하게 됩니다. 방향보다 속도를 중요시하는 결과론적 관점에 세뇌되었기 때문입니다.

제가 42살에 은퇴하며 직접 경험한 '경제적 자유'는 세상

사람들이 생각하는 관점과 매우 달랐습니다. 흔히 미디어나 SNS에서 말하는 경제적 자유란, 누구의 간섭도 받지 않고 아무것도 하지 않으며 평생 놀고먹는 삶을 의미합니다. 이를 위해서는 산술적으로 30억 원 이상의 현금이 필요합니다. 예를 들어 40살에 은퇴해 1년에 1억 원씩 소비하며 70살까지 산다고 가정할 때 필요한 최소한의 금액입니다. 과연 마흔이라는 이른 나이에 누구나 30억 원이라는 거액을 모을 수 있을까요? 막연히 돈만 좇다가는 부의 함정에 빠져 오히려 인생이 후진하는 뼈아픈 경험을 하거나, 몇 번의 실패 끝에 자포자기하게 될 뿐입니다.

그래서 저는 '작은 성취연구소'를 만들어, 성공하려면 반드시 작은 성취를 쌓아가는 연습이 필요하다고 이야기해왔습니다. 남들과의 비교를 끊어내고 나만의 속도로 살아가는, 철저히 과정 중심적 관점이죠. 레고를 조립할 때를 떠올려볼까요? 거창한 완성작을 만들기 위해서는 작은 브릭을 하나하나 정성껏 쌓아 올리는 과정이 필수적입니다. 나도 모르는 사이 나만의 작품이 탄생하듯, 성공 역시 레고를 쌓는 과정과 같습니다.

우리는 허황된 경제적 자유보다 현실적인 '경제적 자립'에 도달하기 위해 노력해야 합니다. 경제적 자립이란 평생 놀고먹는 것이 아닙니다. 오직 노동 소득에만 의존하던 삶에서 벗어나, 배당금, 주식 투자 수익, 상가 및 아파트 월세, 책 출간(인세) 등 매달 자동으로 들어오는 수익 구조를 만들어 스스로 자립하는 것을 뜻하죠. 경제적 자유가 한 번에 벼락부자가 되는 느낌이라면, 경제적 자립은 소득구조를 만들어 내 삶의 궤적을 천천히 우상향시키는 과정입니다. 단숨에 30억 원을 벌어 은퇴하겠다는 꿈 대신, 월 500만 원 이상의 탄탄한 소득구조를 만든다면 우리는 타인이 시키는 노동에서 벗어나 내 삶의 주도권을 쥘 수 있습니다. 마지못해 회사에 끌려다니고 있다면, 지금부터라도 진짜 내가 원하는 삶을 위해 경제적 자립을 준비해야 합니다.

탄탄하게 500만 원의 소득구조를 만들었다면, 다음 달에는 510만 원, 그다음 달에는 520만 원으로 차근차근 키워나가면 됩니다. 그렇게 성장해나가며 안정적인 노후와 원하는 삶을 누리는 것입니다. 젊은 시절을 희생하고 80세가 되어서야 30억 원을 모은들 무슨 소용이 있을까요? 천천히 소득구조를 만들고, 젊음을 누리며 행복하게 사는 것이 진짜 행복 아닐까요?

저는 26살에 자영업을 시작해 27살에 주식 투자를 하고, 30살에 제약 회사 영업직으로 일하다 39살에 작가가 되어 마침내 42살에 경제적 자립에 이르렀습니다. 세상이 정해놓은 평범한 방식과는 정반대로 살았습니다. 제가 깨달은 진정한 행복은 먼 미래로 미루는 것이 아닙니다. 비교를 멈추고 젊음을 만끽하며, 자본가로서 나만의 소득구조를 탄탄하게 키워나가는 것이죠.

막연한 경제적 자유를 목표로 하지 마십시오. 이 책과 함께 흔들림 없이 나만의 속도를 지키며, '경제적 자립'에 도달하는 인생 우상향 방정식을 함께 풀어가 봅시다.

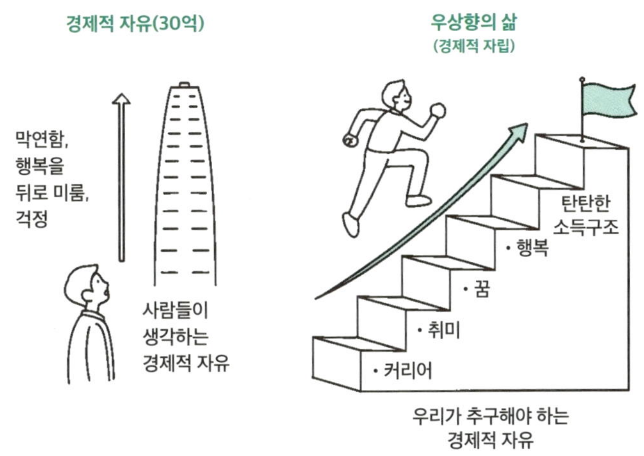

지피지기 백전불태!
ETF 투자 전 필수 용어 완전 정복

ETF(Exchange Traded Fund, 상장지수펀드)란?

ETF는 말 그대로 '인덱스 펀드'를 주식 거래소에 상장시켜, 누구나 주식처럼 편리하게 사고팔 수 있도록 만든 금융 상품입니다. 개별주식을 고르는 수고를 덜어주는 '펀드의 장점'과, 원할 때 언제든 시장에서 매매할 수 있는 '주식의 장점'만 쏙쏙 뽑아 합친 것이 특징이죠.

한국의 코스피200이나 미국의 S&P500 등 대표 기업들을 묶어 지수화한 상품뿐 아니라 금, 은, 원유 등의 원자재, 달러나 엔화 같은 환율, 심지어 채권까지 매우 다양한 기초자산을 주식처럼 간편하게 거래할 수 있습니다.

주식+펀드= 상장지수펀드 ETF(Exchange Traded Fund)

- 하나만 사도 분산 투자: 수십 개 종목을 한 번에 사는 효과
- 주식처럼 쉬운 매매: 원할 때 즉시 현금화 가능
- 수수료 비용 절감: 펀드 대비 저렴한 보수로 수익률 극대화

인덱스 펀드(Index Fund)란?

그렇다면 펀드는 펀드인데 인덱스 펀드는 무엇일까요? 쉽게 말해 시장 지수(Index)의 움직임과 동일한 수익률을 올리도록 설계된 펀드입니다. 시장이 장기적으로 우상향한다는 믿음을 전제로, 코스피나 나스닥, 다우지수 등의 시장 평균 수익률을 그대로 따라가도록 포트폴리오를 구성해 운용하는 기법이죠.

ETF 투자가 가진 4가지 강력한 장점

1. 개별 기업의 상장폐지 걱정 없는 '안정성'

빠르게 변화하는 현대 사회에서 영원한 1등 기업은 없습니다. 만약 내가 전 재산을 투자한 회사가 하루아침에 도태된다면 뼈아픈 손실을 보게 되는데요. 개별주식 투자는 이렇게 기업 고유의 악재와 시장 전체의 하락이라는 이중 위험을 떠안

아야 합니다. 하지만 여러 종목을 한 바구니에 담은 ETF는 특정 기업에 문제가 생기더라도, 그 자리에 새로운 우량 주식이 편입돼 알아서 물갈이가 됩니다. 즉, 상장폐지의 공포에서 벗어나 마음 편히 투자할 수 있죠.

2. 머리 아프게 분석할 필요 없는 '분산 투자 효과'

하나의 지수 안에는 수많은 기업이 존재합니다. 바쁜 직장인이 이 수많은 기업의 재무제표와 전망을 일일이 분석하기란 불가능에 가깝습니다. 그렇다고 분석 없이 투자하는 것은 눈을 가리고 걷는 것과 같습니다. ETF는 이 딜레마를 완벽히 해결해줍니다. 이미 여러 종목이 한데 묶여 있으므로, '앞으로 이 산업이나 지수가 성장할까?'라는 방향성만 판단해 분할매수하면 되죠. 개별 종목을 분석해야 하는 번거로움 없이 자연스럽게 분산 투자 효과를 누릴 수 있습니다.

3. 원할 때 바로 현금화할 수 있는 '뛰어난 환금성'

과거 2006년 무렵 전국에 펀드 광풍이 불었을 때, 많은 개인이 펀드 매니저에게 돈을 맡겼습니다. 하지만 펀드의 치명적인 단점은 '환금성이 느리다'는 것입니다. 시장에 위기가 닥쳐 당장 돈을 빼고 싶어도, 펀드는 장중 실시간 매도가 불가능해 장 종료 후의 가격이나 다음 영업일 기준으로 환매가 이루어

    ETF 불패의 법칙

집니다. 반면, 주식과 펀드의 장점을 결합한 ETF는 위기 상황이 발생했을 때 내 맘대로 실시간 매도가 가능하고, 주식과 동일하게 2영업일(+2일) 뒤에 바로 현금화할 수 있습니다.

4. 복리의 마법을 극대화하는 '저렴한 수수료'

일반 펀드는 펀드 매니저가 직접 운용하기 때문에 보통 연 1~3%의 비싼 수수료가 발생합니다. 중간에 해지하면 '환매 수수료'까지 물어야 하죠. 하지만 시장 지수를 그대로 추종하는 ETF는 운용사마다 다르지만 보통 연 0.1~0.5% 내외로 수수료가 매우 저렴하고, 환매 수수료도 없습니다. 고작 1~2% 차이라고 가볍게 여길 수 있지만, 투자 금액이 커지고 장기 복리 효과가 쌓이면 이 수수료의 차이가 결국 엄청난 수익률의 격차를 만들어냅니다.

미국 ETF 첫걸음 ①
운용사 브랜드 이해하기

전 세계 자본이 몰려드는 미국 ETF 시장에는 그 압도적인 규모만큼이나 수많은 상품과 운용사가 존재합니다. 국내 주식에만 익숙한 초보 투자자에게 미국 ETF의 종목명은 마치 외계어처럼 낯설게 느껴질 수 있는데요. 상품의 종류가 워낙 다양하다 보니, 호기심에 검색해보고도 매수를 주저하게 되기도 하죠.

하지만 너무 걱정할 필요 없습니다. 국내 상장 ETF에 명명 규칙이 있듯, 미국 ETF에도 일정한 규칙이 존재하니까요. 한국 시장을 삼성자산운용과 미래에셋자산운용이 주도하듯, 미국 시장 역시 전체를 꽉 잡고 있는 '3대 메이저 운용사'가 있습니다.

- 뱅가드(Vanguard): 자신의 사명을 브랜드로 그대로 사용하는 운용사입니다.
- 블랙록(BlackRock): '아이셰어즈(iShares)'라는 글로벌 1위 브랜드로 유명한 세계 최대 운용사입니다.
- 스테이트 스트리트(SSGA): '스파이더(SPDR)'라는 브랜드로 미국 ETF 역사를 시작한 운용사입니다.

이 거장들의 뒤를 이어 수많은 운용사가 각자의 브랜드를 걸고 치열하게 상품을 개발하고 있습니다. 처음에는 영어 때문에 막막할지 몰라도, 차분히 그 의미를 짚어보면 미국 ETF 시장에 대한 두려움이 사라질 겁니다. 더 큰 바다로 나가야 월척을 낚을 수 있듯, 미국 시장은 평생의 부를 함께 설계해줄 든든한 동반자입니다.

이제 본격적으로 미국 대표 운용사들과 ETF 상품명의 구조를 파헤쳐 보겠습니다. 이름 짓는 규칙만 이해하면, 종목명만 봐도 '어느 운용사가 만들었고, 어떤 지수(벤치마크)를 추종하는지' 단번에 파악할 수 있죠. 대부분의 ETF 이름 맨 앞에는 해당 상품을 만든 운용사의 브랜드가 붙습니다. 앞서 소개한 미국의 3대 대표 운용사를 기준으로 그 원리를 자세히 살펴보겠습니다.

[미국 대표 운용사와 대표 상품]

운용사	브랜드	대표상품
블랙록(BlackRock)	아이셰어즈(iShares)	IVV(iShares Core S&P500)
뱅가드(Vanguard)	뱅가드(Vanguard)	VTI(Vanguard Total Stock Market Index Fund)
스테이트 스트리트 글로벌 어드바이저(State Street Global Advisors)	SPDR(Spider)	SPY(SPDR S&P500 Trust)
인베스코(Invesco)	파워셰어즈(PowerShares)	QQQ(Invesco QQQ Trust Series 1)
찰스슈왑(Charles Schwab)	슈왑(Schwab)	SCHD(Schwab US Dividend Equity)
퍼스트 트러스트(First Trust)	퍼스트 트러스트(First Trust)	FV(First Trust Dorey Wright Focus 5)
위즈덤 트리(Wisdom Tree)	위즈덤 트리(Wisdom Tree)	DGRW(Wisdom Tree US Quality Dividend Growth Fund)
벤엑(VanEck)	마켓 벡터스(Market Vectors)	SMH(VanEck Semiconductor)
구겐하임(Guggenheim)	구겐하임(Guggenheim)	Invesco로 통합
프로셰어즈(ProShares)	프로셰어즈(ProShares)	NOBL(ProShares S&P500 Divindend Aristocrats)

[미국 ETF 상품명 구조]

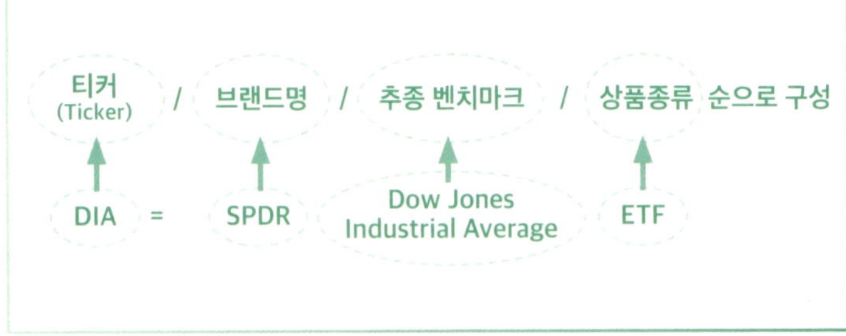

ETF 불패의 법칙

미국 ETF의 긴 영문 이름이 부담스럽다면, 짧은 알파벳 기호인 '티커(Ticker)'를 기억하는 것이 훨씬 편리합니다.

티커란?

주식이나 ETF 종목을 쉽게 찾아보고 거래할 수 있도록 부여한 고유의 알파벳 약자를 뜻합니다. 보통 뉴욕증권거래소(NYSE) 상장 종목은 1~4자리, 나스닥(NASDAQ) 상장 종목은 4~5자리의 알파벳으로 구성됩니다.

(예시: 다우존스 지수를 추종하는 ETF(SPDR Dow Jones Industrial Average ETF Trust) ➡ 티커명: DIA)

미국 ETF 첫걸음 ②
수익 극대화하는 절세 전략 세우기

미국 ETF 세금 알아보기

250만 원 비과세와 손익통산의 마법

미국 증시에 직접 상장된 ETF에 투자할 때 누릴 수 있는 강력한 장점 중 하나는 바로 '절세 혜택'입니다. 미국 ETF 매매 차익에 대해서는 매년 250만 원까지 세금을 매기지 않는 기본 공제 혜택이 주어집니다.

여기서 꼭 알아두어야 할 중요한 개념이 바로 '손익통산'인데요. 손익통산이란 1년 동안 발생한 모든 종목의 이익과 손실을 합산해 최종 순수익에만 세금을 매기는 합리적인 제도입니다.

예를 들어 볼까요? 올해 A ETF를 매도해 500만 원의 수익을 내고, B ETF를 매도해 300만 원의 손실을 보았다고 가정해봅시다. 두 종목의 결과를 합산(500만 원-300만 원)하면 최종순수익은 200만 원이 됩니다. 이 금액은 비과세 한도인 250만 원을 넘지 않기 때문에, 결과적으로 수익을 냈음에도 22%의 양도소득세를 한 푼도 내지 않게 됩니다.

반면, 일반 계좌에서 투자하는 '국내 상장 해외 ETF'의 경우는 다릅니다. 이 상품들은 손익통산이 적용되지 않고 매매 차익이 배당소득(15.4%)으로 개별 과세됩니다. 즉, 내 계좌의 전체 수익률이 최종적으로 마이너스 상태이더라도, 이익을 보고 판 특정 종목이 있다면 그 매매 차익에 대해서는 고스란히 세금을 내야 하는 억울한 상황이 발생할 수 있죠.

해외 ETF 투자 시

A ETF 수익 500만 원 - B ETF 손실 300만 원 = 총 200만 원 수익

➡ 250만 원 미만 손익과세 적용

국내 상장 해외 ETF 투자 시

A ETF 수익 500만 원 - B ETF 손실 300만 원 = 총 200만 원 수익

➡ 500만 원에 대해서만 15.4% 배당소득세 과세

> ➡ 2,000만 원 이상의 소득 시 금융소득 종합과세 대상
> 에 포함

※ 국내에 상장된 ETF 투자 시 손익과세 제도가 존재하지 않아 수익과 손실이 동시에 발생해도 수익에 대해서만 과세 적용된다는 점에 주의해야 합니다. 또한 2,000만 원 이상 수익 시 기존 소득에 추가로 더해지는 종합과세 대상 여부도 고려해야 합니다. 이 책에서 배울 미국 ETF를 중심으로 한 장기 투자의 경우 국내 상장 미국 ETF보다는 미국 ETF에 직접 투자하는 것이 유리합니다.

[미국 상장 ETF·국내 상장 미국 ETF 비교]

미국 상장 ETF	국내 상장 미국 ETF
다우지수 추종	SOL 미국배당 다우존스 SOL 미국배당 다우존스(H) KODEX 미국배당 다우존스
S&P500 지수 추종	SOL 미국 S&P500 KODEX 미국 S&P500 KODEX 미국 S&P500(H)
나스닥 지수 추종	SOL 미국 나스닥 100 KODEX 미국 나스닥 100 KODEX 미국 나스닥 100(H)

미국 상장 ETF의 경우 미국에 상장된 ETF를 국내에서 거래하게끔 설계한 상품입니다.

미국 ETF 배당 소득세와 금융소득종합과세 주의점

배당을 지급하는 ETF에 투자하면 운용 방식에 따라 월, 분기, 혹은 연 단위로 배당금을 받게 됩니다. 이때 미국 ETF에서 지급하는 배당금에는 현지에서 15%의 배당소득세가 원천징수됩니다. 예를 들어 100만 원의 배당금이 발생했다면, 세금 15만 원을 미리 떼고 나머지 85만 원만 내 계좌에 입금되는 구조입니다.

내 통장에 세금을 뗀 금액이 들어오기 때문에 많은 분이 '이제 세금 계산은 끝났다'고 생각하는데요. 장기 투자자라면 반드시 신경 써야 할 기준선이 하나 더 있습니다. 바로 '금융소득종합과세'입니다.

한 해 동안 받은 배당금과 이자 소득의 합계가 연 2,000만 원을 초과하면 금융소득종합과세 대상자가 됩니다. 2,000만 원을 넘는 초과분은 직장인의 근로소득이나 사업소득 등 다른 종합소득과 합산되어, 개인의 소득 구간에 따라 훨씬 높은 누진세율의 세금 폭탄을 맞을 수도 있습니다. (물론 이중과세를 막기 위해 미국에서 이미 납부한 15%의 세금은 공제해줍니다.)

초보 투자자가 배당소득만으로 당장 연 2,000만 원을 넘기란 쉽지 않습니다. 하지만 투자의 복리 효과로 자산이 불어나고 배당 규모가 점차 커지면, 이 2,000만 원이라는 기준선을 늘

염두에 두고 계좌를 관리해야 합니다.

<table>
<tr><td colspan="2" align="center">실제 계산 예시
(배당소득 3,000만 원의 경우)</td></tr>
<tr><td colspan="2">

예를 들어 미국 배당금으로 연 3,000만 원을 받았다고 가정해봅시다.

- 미국 원천징수 15% ➡ 450만 원 배당소득세 발생
- 남은 금액 ➡ 국내 종합과세 대상
- 소득 구간에 따라 추가 세금 발생

</td></tr>
</table>

※ 아는 지인분 중에는 배당소득이 연 2,000만 원을 넘어 고민 끝에 아내와 같이 투자해 각각 2,000만 원씩 연 4,000만 원까지 배당금을 받고 종합소득세 구간에는 해당하지 않게 설계한 사례도 있습니다.

[금융종합과세 구간]

과세 표준 구간	세율
1,400만 원 이하	6%
1,400만 원 초과 5,000만 원 이하	15%
5,000만 원 초과 8,800만 원 이하	24%
8,800만 원 초과 1억 5,000만 원 이하	35%

1억 5,000만 원 초과 3억 원 이하	38%
3억 원 초과 5억 원 이하	40%
5억 원 초과 10억 원 이하	42%
10억 원 초과	45%

미국 주식 배당금 세금신고 방법(홈텍스 기준)

미국 배당소득은 종합소득세 신고 기간(5월)에 신고합니다. 기본 절차는 다음과 같습니다.

1. 증권사 해외소득 자료 확인
2. 홈텍스 종합소득세 신고 접속
3. 해외 배당소득 입력
4. 외국납부세액공제 적용
5. 최종 세액 확인 후 제출

처음 신고하는 경우라도 절차 자체는 복잡하지 않지만, 숫자를 잘못 입력하면 불필요한 세금을 더 낼 수 있으니 주의해야 합니다.

신고 안 하면 생기는 문제

- 가산세 부과
- 추징 세금 발생
- 건강 보험료 상승 영향

생각보다 많은 사람이 미국 주식 세금 신고를 놓쳐 불이익을 받는 사례도 있으니, 특히 고액 배당 투자자일수록 철저한 관리가 필요합니다.

연말 절세의 핵심: '결제일(T+2)의 함정'을 피하라

미국 주식은 앞서 설명한 '손익통산' 제도가 적용됩니다. 따라서 연말에 수익이 난 종목과 손실이 난 종목을 적절히 함께 매도해 최종 순수익을 250만 원 이하로 맞춘다면, 22%의 양도소득세를 전액 면제받을 수 있습니다.

하지만 여기서 반드시 주의해야 할 치명적인 함정이 하나 있습니다. 바로 세금 산정의 기준이 되는 '결제일'입니다. 세법상 양도소득세는 1월 1일부터 12월 31일까지 발생한 소득을 기준으로 부과됩니다. 그런데 우리가 MTS나 HTS 앱에서 매도 버튼을 누른 날(체결일)과 실제 주식 대금이 정산되는 날

　　　　　　　　　　　　　　　　　　　　　ETF 불패의 법칙

(결제일)에는 시차가 존재합니다. 미국 주식은 매도 체결 후 실제 결제까지 2영업일(T+2)이 소요되기 때문에 절세 혜택을 위해 주식을 정리한다면 12월 31일에 매도해서는 안 됩니다. 안전하게 당해 연도의 손익으로 인정받으려면, 늦어도 '미국 증시의 연말 마지막 거래일(폐장일) 기준 3영업일 전'에는 반드시 매도해야 하죠. 그래야 비과세 혜택을 챙길 수 있습니다.

[거래 마지노선]
마지막 거래일 기준 D-2

2부

15년 실전 투자로
증명한 필승 가이드

수학처럼 명쾌한 ETF 투자법, 무조건 수익 나는 구조 만들기

단숨에 배우는
'실패하지 않는 투자 공식 6단계'

학창 시절, 전교 1~2등을 놓치지 않던 최상위권 친구들을 기억하시나요? 부끄럽지만 저는 당시 공부와는 완전히 담을 쌓고 지냈습니다. 수능이라는 제도가 있다는 것조차 고등학교 2학년 때 처음 알았을 정도니까요. 뒤늦게 책상에 앉았지만 기본기가 없으니 원리를 이해하지 못한 채 겉핥기식으로 이 과목 저 과목을 전전하기 일쑤였습니다. 성적은 당연히 오르지 않았고, 결국 지푸라기라도 잡는 심정으로 운동 특기를 살려 지방대 체육학과에 턱걸이로 진학했습니다.

하지만 26살에 장사를 시작해 직장 생활을 거쳐 투자의 세계에 눈을 뜬 지금, 제 삶은 180도 달라졌습니다. 42살에 경제적 자립을 이뤄내고 투자자 겸 작가로 살 수 있게 된 비결은 단

하나, '돈이 흐르는 원리'를 깨우쳤기 때문입니다.

돈을 버는 것은 공부와 매우 비슷합니다. 학창 시절 최상위권 친구들은 '원리'를 먼저 완벽히 이해했기에 어떤 응용문제가 나와도 당황하지 않고 효율적으로 점수를 올렸습니다. 투자도 마찬가지입니다. 핵심 원리만 제대로 꿰뚫고 있다면 매번 새로운 뉴스에 휘둘리며 똑같은 공부를 반복할 필요가 없습니다. 지금껏 투자에 번번이 실패했거나 매매가 막막했던 분들은, 과거의 저처럼 원리를 모른 채 겉핥기식으로 투자에 접근했을 확률이 높습니다.

이제 어렵고 복잡한 기존의 방식에서 벗어나, 원리를 꿰뚫어 단숨에 성공 확률을 높이는 '실패하지 않는 투자 공식 6단계'를 본격적으로 만들어보겠습니다.

이 공식의 가장 뼈대가 되는 핵심 원리는 바로 '우상향'입니다. 우상향이란 자산의 가치가 시간이 지날수록 점진적으로 상승하는 것을 뜻합니다.

워런 버핏은 "죽기 전 단 하나의 종목에만 투자해야 한다면 어디에 해야 하는가?"라는 질문에 주저 없이 "미국의 장기 우상향을 믿고 S&P500 인덱스 펀드에 투자하라"고 답했습니다. 대가는 왜 이런 조언을 했을까요? 미국의 3대 지수(대형 우량주 중심의 다우, 500대 기업을 품은 S&P500, 기술주 중심의 나스닥)는 증시가 탄생한 이래 숱한 위기 속에서도 끝내 우상향해왔기 때문입니다. 즉, 미국의 성장을 믿고 장기 투자했다면 누구나 100% 성공을 거두었다는 역사적 사실이 이를 증명하죠.

버핏은 2025년 주주서한을 통해서도 "앞으로 100년 동안 미국은 건재할 테니 안심하고 투자하라"며 우상향에 대한 군건한 믿음을 내비쳤습니다.

실제로 불과 얼마 전인 2025년 4월, 트럼프 행정부의 강경한 관세 정책 여파로 대공황이 올 것처럼 증시가 단기 폭락한 적이 있습니다. 하지만 저는 블로그를 통해 "지수의 우상향하는 힘을 믿고 오히려 지금을 매수 기회로 삼아야 한다"고 흔들림 없이 강조했습니다. 결과는 어땠을까요? 여지없이 미국 3대 지수는 보란 듯이 반등하며 든든한 수익을 안겨주었습니다. 제가 운영하는 '작은 성취연구소' 회원들 역시 이 원칙을 바탕으로 지수 ETF와 반도체 ETF에 과감히 투자해 큰 성과를 거두었죠.

이제 이 강력한 우상향의 믿음을 전제로, 여러분의 계좌를 붉게 물들일 '실패하지 않는 투자 공식 6단계'를 1단계부터 차근차근 짚어보겠습니다.

실패하지 않는 투자 공식 1단계: 투자 '몸' 만들기

자본 소득을 늘리는 첫걸음, 내 소비 수준 객관화하기

제가 퇴사를 결심하고 가장 먼저 시작한 일은 '자본을 공격적으로 늘리는 것'이 아니라, 냉정하게 '나의 소비 수준을 점검하는 것'이었습니다. 3년 뒤 회사 밖으로 나갈 계획이었기에, 월급 없이 자본 소득만으로 살아가는 삶을 미리 시뮬레이션해보아야 했습니다. 따로 통장을 만들어 월급은 전혀 건드리지 않고 생활해보니, 돈을 결코 허투루 쓸 수 없다는 뼈저린 깨달음을 얻었습니다. 당장 소비 체질을 바꾸지 않으면 평생 월급의 노예로 살게 될 것이 뻔했습니다.

생각보다 통장에 여윳돈 100만 원조차 없는 직장인이 수두

룩합니다. 심지어 마이너스 통장으로 돌려막으며 생활하는 동료들도 숱하게 봐왔습니다. 월급에 안주해 버는 돈보다 쓰는 돈을 늘려버렸기 때문입니다. 특히 신용카드 할부로 미래의 소득을 현재로 마구 끌어다 쓰는 습관이 굳어지면, 다신 예전의 씀씀이로 돌아가지 못하는 지경에 이릅니다.

요즘 뉴스를 보면 AI(인공지능)의 발달로 40대 희망퇴직이 급증하고 있다는 소식이 심심찮게 들려옵니다. 30살에 가까스로 취업해 고작 10년 남짓 돈을 벌고 타의에 의해 세상 밖으로 떠밀려나는 것이 더 이상 남의 일이 아닙니다. 전방위적으로 닥쳐올 고용 한파 속에서, 월급 외의 자본 소득을 창출하는 것은 이제 선택이 아닌 '생존을 위한 1순위'가 되었습니다. 불확실한 미래를 방어하고 세계를 이끄는 미국에 투자하는 진정한 자본가가 되려면, 가장 먼저 지금의 썩은 소비 패턴을 도려내고 건강한 투자 체질로 만들어야 합니다.

미래를 구하는 3가지 소비 패턴 점검법

첫째, 신용카드 가위로 자르기

《돈의 속성》의 저자 김승호 회장은 젊은 세대에게 "신용카드를 당장 잘라 버려라"라고 강력히 경고합니다. 신용카드는 미래의 내가 반드시 갚아야 할 '빚'입니다. 내 소득 수준을 뛰어넘는 과소비를 조장해 미래의 자산 성장을 원천 차단하죠.

안정적인 월급을 믿고 카드 할부로 여행을 가고 명품을 샀다가, 25일 월급날 카드값으로 월급의 반이 증발하는 허무함을 느껴본 적 있으신가요? 단번에 소비 패턴을 바꾸기는 어렵습니다. 당장 신용카드를 자르고 체크카드를 발급받으세요. 지난달 무의식적으로 긁었던 카드 내역서를 뽑아보고, 불필요한 지출을 찾아내 1년 안에 카드값을 절반으로 줄이는 것을 첫 번째 목표로 삼아야 합니다.

> ### 실행하기
>
> - 신용카드 대신 체크카드 사용하기
> - 1년을 목표로 현재의 카드 소비액 50% 줄이기
> - 나의 과소비 악습관(카페, 택시, 배달 앱 등) 찾아내기

둘째, 내 목을 조르는 '빚' 점검하고 줄이기

직장인이라는 타이틀은 은행에서 아주 좋은 신용 담보가 됩니다. 그러다 보니 주택 담보 대출, 신용 대출, 자동차 할부, 마이너스 통장 등 나도 모르는 새 빚의 수렁에 빠지기 쉽죠. 월급날, 카드값과 대출 원리금이 빠져나가고 나면 통장은 스쳐 지나가는 정거장일 뿐입니다.

소비 형태가 이렇게 빚으로 왜곡되면 우리는 평생 회사에

노예처럼 끌려다녀야 합니다. 직장 상사가 가장 가스라이팅하기 쉬운 타깃이 바로 '빚이 많은 직원'입니다. 빚에 잠식되어 절대 회사를 관두지 못할 거란 걸 알기 때문입니다. 저는 퇴사를 준비하며 대출부터 악착같이 갚아 나갔습니다. 빚이라는 족쇄를 끊어내야 비로소 내 삶의 주도권을 되찾고 미래를 설계할 수 있기 때문이죠.

> **실행하기**
>
> - 내 앞으로 된 빚의 총량(원금+이자) 정확히 확인하기
> - 습관적으로 마이너스 통장을 쓰고 있는지 점검하기
> - '내일 당장 퇴사한다면 이 빚을 감당할 수 있을까?' 자문해 보기
> - 이율이 높은 악성 부채부터 갚아나가는 상환 계획 짜기

셋째, 저축(투자)을 1순위로 '선취'하기

스스로에게 한번 물어보세요. "나는 월급이 들어오면 미래를 위해 10~20%를 '투자 자금'으로 가장 먼저 빼놓고 있는가?" 이 질문에 멈칫했다면 여러분의 재정 상태는 매우 위태롭습니다.

투자는 비옥한 토지에 씨앗을 심는 것과 같습니다. 토지가 아무리 좋아도 심을 씨앗(종잣돈)이 없다면 수확을 핑계 댈 자

격조차 없죠. 월급 500만 원을 받는다면, 무조건 100만 원은 투자 계좌로 먼저 이체해야 합니다. 그리고 남은 400만 원에 맞춰 한 달 소비를 통제해야 합니다. 당장 100만 원이 부담스럽다면 첫 달은 30만 원부터 시작해 점차 늘려가면 됩니다. 투자 자금을 1순위로 떼어놓는 습관을 들이면, 낭비되던 불필요한 지출이 마법처럼 사라집니다.

> **실행하기**
>
> - 첫 달 월급에서 무조건 30만 원을 투자 계좌로 자동이체하기
> - 1년을 목표로 투자 선취 비율을 급여의 20%까지 늘리기
> - 남은 돈에 맞춰 소비의 우선순위 재배치하기

돈을 좇지 말고, '돈이 들어오는 구조'를 설계하라

소비를 통제해 종잣돈을 모으는 동안, 우리는 '안정적으로 돈이 스스로 굴러들어오는 구조'를 짜는 훈련을 병행해야 합니다.

1. 타인과의 비교 스위치 끄기

내 소비 수준을 결정하는 가장 큰 적은 '사회적 체면과 시선'입니다. 경제학에서는 타인의 소비가 내 소비에 영향을 미

치는 현상을 '전시 효과'라고 부릅니다. 주변 직장 동료나 친구들이 유지하는 생활 수준(오마카세, 호캉스, 골프 등)이 일종의 기준선이 되어버리면, 나 혼자 그 밑으로 씀씀이를 줄이기가 무척 힘들어집니다. 지금 나의 지출이 순수하게 나를 위한 것인지, 아니면 타인의 시선을 의식한 과시용인지 냉정하게 객관화해야 합니다.

2. '마의 1억 원' 돌파하기

성공한 자본가들은 한결같이 '1억의 힘'을 믿습니다. 0원에서 1,000만 원, 1,000만 원에서 1억 원을 모으기까지는 엄청난 고통과 인내가 필요합니다. 하지만 1억 원을 돌파하는 순간부터 돈은 복리의 날개를 달고 2억, 4억으로 스스로 증식하죠. 이때부터 내 에너지의 소모가 급격히 줄어드는 '압축 성장의 마법'을 경험하게 됩니다.

3. 구체적인 목표와 데드라인 정하기

"10년 뒤에 10억을 만들겠다." 뇌에 이런 명확한 목표와 기한을 던져주면, 우리의 무의식은 '어떻게 도달할 것인가?'를 끊임없이 질문하며 방법을 찾아냅니다. 목표가 있는 사람과 없는 사람의 실행력은 하늘과 땅 차이입니다. 나만의 자산 증식(복리) 시뮬레이션 표를 만들어보세요.

4. 다양한 소득 파이프라인 개척하기

무작정 근로 소득만 쥐어짜는 것은 한계가 있습니다. 노동 소득으로 1억을 모으는 동안, 앞서 배운 ETF 배당 투자로 자본 소득의 물꼬를 열어보세요. 더 나아가 블로그, 인스타그램, 유튜브 등 자신이 잘할 수 있는 무기를 발굴해 추가적인 콘텐츠 수익까지 창출한다면 경제적 자립으로 가는 시간은 획기적으로 단축될 것입니다.

실패하지 않는 투자 공식 1단계, 투자 '몸' 만들기

실패하지 않는 투자 공식을 이해하고, 이를 내 삶에 이식해 투자가 자연스러워지는 '몸'을 만드는 과정은 매우 중요합니다. 이 책의 목적은 가장 게으른 방식으로, 그러나 확실하게 수익을 내는 시스템을 구축하는 데 있습니다. 자산 상승을 즐기며 삶의 곳곳에 행복의 다리를 놓는 것, 그것이 우리가 지향하는 투자의 본질입니다.

하지만 투자 초기에는 반드시 고통이 수반됩니다. 그동안의 나쁜 투자 습관이나 무분별한 소비 패턴을 끊어내지 못해 '종잣돈'조차 만들지 못한다면 그 어떤 기술도 무용지물이기 때문이죠. 자산이 본격적인 우상향 곡선을 그리기 전까지 수많은 위기에도 흔들리지 않는 단단한 투자 체질을 만들어야 합니다. 인내의 근육을 키우는 혹독한 체질 개선이 선행될 때, 비로소 시스템이 주는 '게으른 풍요'를 누릴 자격이 주어집니다.

실패하지 않는 투자 공식 2단계: 미국 증시에 집중 투자하기

95세의 나이로 은퇴를 선언한 투자의 거장 워런 버핏은, 시장을 떠나는 마지막 순간까지도 주주들에게 "앞으로 100년 더 미국을 믿고 투자하라"는 굳건한 조언을 남겼습니다. 공교롭게도 이 시점은 미국의 국가 부채가 37조 달러(약 5경 원)를 돌파하며 '과연 미국에 계속 투자해도 괜찮은가?'라는 우려와 논쟁이 쏟아지던 때였죠.

천문학적인 빚더미에도 불구하고 버핏이 미국을 맹신하는 이유는 무엇일까요? 저는 그 해답을 '압도적인 성장률'에서 찾았습니다. 국가의 부채는 GDP(국내총생산)가 빠르게 성장하면 자연스럽게 줄어드는 효과가 있습니다. 즉, 빚이 아무리 많아도 돈을 버는 속도가 더 빠르면 경제에 큰 문제가 되지 않는다는 뜻입니다.

현재 미국은 '빅테크'를 필두로 한 AI 패권을 쥐고 전 세계의 돈을 블랙홀처럼 빨아들이고 있습니다. 그리고 그 막대한 자본을 기술에 재투자하며 우리가 공상과학 영화에서나 보던 미래를 현실로 만들어가고 있죠.

과거 1차 산업혁명의 기계화부터 컴퓨터가 보급된 3차, 기술이 융합된 4차 산업혁명까지 기술 발전의 속도는 기하급수적으로 빨라졌습니다. 이제 다가올 미래는 미국이 주도하는 'AI와 로봇의 시대'입니다. 과거의 산업혁명이 대량생산 시대를 열었듯, AI와 로봇은 또 한 번 엄청난 '생산성 혁신'을 폭발시킬 것입니다.

생산성이 극대화되면 물건과 서비스의 가격이 저렴해지는 '디플레이션' 경제가 도래합니다. 즉, 혁신적인 기술 성장과 물가 안정이 동시에 이루어지는 것이죠. 미국의 막대한 부채 역시 이러한 폭발적인 성장 앞에서는 상쇄될 수밖에 없으며, 미국 경제는 장기적으로 흔들림 없이 우상향할 것이라는 결론에 이릅니다.

국내 증시에 '우상향 공식'을 적용하기 어려운 이유

최근 국내 증시는 꿈에 그리던 '코스피 5,000시대'를 열며 환호했습니다. 현 정부(이재명 정부)는 주식시장에 강력한 붐을 일으켜 대한민국의 경제 체질을 개선하려 하죠.

하지만 그 내면을 냉정하게 들여다보면 불안 요소가 큽니다. 현재의 코스피 5,000은 미국처럼 새로운 혁신 기업들이 끊임없이 쏟아져 나와 시장 전체를 견인한 결과가 아닙니다. 반도체를 중심에 둔 삼성전자와 SK하이닉스, 로봇 기술 기대감을 업은 현대차 등 극소수의 대기업에 편중된 기형적인 상승에 가깝습니다.

무엇보다 가장 치명적인 문제는 '인구 구조'입니다. 통계청의 인구동향보고서에 따르면 대한민국의 합계출산율은 0.74명, 서울은 0.58명으로 참담한 수준입니다. 2025년을 기점으로 노인 인구 비율이 20%를 넘어서며 초고령 사회에 진입했습니다. 과거 일본의 '잃어버린 30년'을 초래했던 전형적인 역피라미드 구조입니다. 청년층의 부족은 미래 국가 생산성의 치명적인 하락을 낳고, 살아남은 젊은 세대가 짊어져야 할 부양의 짐을 곱절로 무겁게 합니다.

이러한 근본적인 구조적 한계 탓에, 아무리 정부가 증시 부양에 나서더라도 한국 증시가 앞으로 수십 년간 끊임없이 우상향할 것이라고 100% 확신하기는 무척 어렵습니다.

따라서 '실패하지 않는 투자 공식 2단계'의 룰은 이것입니다. 바로, 끊임없는 혁신으로 장기 우상향이 가장 확실하게 보

[코스피 지수 차트]

출처 : 키움증권 MTS

장된 1등 국가 미국에 투자하는 것이죠.

위에 코스피 차트를 살펴보겠습니다. 이재명 정권이 들어서기 전까지 15년 이상 박스권에 갇혀 있는 모습을 확인할 수 있습니다. 2026년 5,000포인트를 돌파했지만, 앞으로 성장 가능 기조가 이어질지는 예측할 수 없습니다. 만약 우리 자산을 국내 지수 ETF에만 올인했다가 다시 과거와 같은 박스권 장세에 갇히게 된다면, 소중한 자산은 물론 기회비용이라는 시간까지 모두 잃게 될 것입니다. 그러므로 국내 증시는 과감히 배제하고 미국에 투자해야 합니다.

국내 증시 투자 여부	미국 증시 투자 여부
X	O

실패하지 않는 투자 공식 3단계: 개별주식과 ETF 개념 구분하기

3단계의 핵심은 '개별주식'과 'ETF'의 본질적인 차이를 깨닫는 것입니다. 우리는 왜 ETF에 투자해야 할까요?

직장인은 낮에 일하느라 국내 증시를 보기 힘들고, 밤에는 자느라 미국 증시를 놓치기 일쑤입니다. 육아와 살림을 병행할 경우에도 역시 호가창만 들여다볼 시간적 여유가 없습니다. 마음이 조급한 사회초년생들은 올바른 '방향' 대신 아찔한 '속도'를 택해 무리한 단기 매매에 뛰어듭니다. 미디어와 SNS가 매일 쏟아내는 급등주와 테마주 정보는 초보 투자자들을 끊임없이 '부의 함정'으로 유혹하죠. 나만의 확고한 철학이 없다면 남이 파놓은 함정에 빠져 소중한 종잣돈을 잃기 십상입니다.

무엇보다 자산을 불리는 과정 자체는 고통이 아닌 '행복'이어야 합니다. 온종일 주식 창에 매몰된 삶은 세상을 바라보는 시야마저 편협하게 만들죠. 투자의 대가 워런 버핏은 주식을 매일 사고팔지 않습니다. 저 역시 1년에 매매하는 횟수가 손에 꼽을 정도입니다. 매매를 최소화해 아낀 시간과 에너지를 내 삶에 온전히 투자하는 것, 이것이 진정한 '실패하지 않는 투자' 입니다.

제게는 저와 정반대로 매일 모니터 앞에서 단타(데이트레이딩)를 치며 극심한 스트레스를 받는 친구가 있습니다. 만날 때마다 "어제 A 주식을 샀어야 했는데 놓쳤다", "B 주식을 안 팔아서 물렸다"며 하소연하기 바쁩니다. 왜 항상 후회하게 될까요? 대중이 정보를 얻고 매수에 뛰어들 때면 주가는 이미 고점이고, 뒤늦게 올라타면 거짓말처럼 하락하기 때문입니다. 마치 풀밭에서 메뚜기를 잡으려 이리저리 뛰어다니지만, 결국 허탕만 치고 진이 빠지는 꼴이죠.

미래 유망 산업에 투자할 때를 가정해봅시다. 앞으로 AI 산업이 크게 성장할 것이라는 전문가들의 전망에 수많은 관련 기업이 시장에 뛰어듭니다. 하지만 치열한 경쟁 속에서 최후의 승자가 누가 될지, 어떤 기업이 도태될지 평범한 개인이 정확히 예측할 수 있을까요? 한 개별 기업의 미래만 믿고 전 재산을 몰빵했는데 그 기업이 경쟁에서 밀려 상장폐지라도 된다면, 내 삶의 기반마저 무너지고 말 겁니다.

ETF는 바로 이러한 치명적인 위험을 방어하기 위해 탄생했습니다. '누가 1등이 될지' 콕 집어 맞히는 대신, '이 산업 전체가 성장할 것'이라는 방향성에 투자하는 것이죠.

ETF라는 하나의 바구니 안에는 해당 산업을 이끄는 수많은 우량 기업이 골고루 담겨 있습니다. 바구니 속 특정 기업 실적이 부진하거나 최악의 경우 상장폐지 위기에 처하더라도, 운용사가 알아서 건실한 새 기업으로 즉각 교체해줍니다. 즉, 개별 기업의 상장폐지 공포에서 완전히 해방되어 마음 편히 장기 투자를 이어갈 수 있죠.

개별주식과 ETF의 차이

그럼 대표적으로 나스닥 추종 ETF QQQ를 통해 개별주식과 ETF의 차이를 알아보겠습니다.

QQQ ETF 안에는 엔비디아, 애플, 마이크로소프트, 메타, 알파벳, 테슬라 등 수많은 개별 기업이 존재합니다. QQQ 안의 개별주식들이 똑같이 움직이는 건 아닙니다. 나스닥 지수를 대표하는 QQQ ETF는 전체 성장 틀 안에서 상승하지만, 그 안에 수많은 개별 주들은 QQQ와 같이 성장하지 않을 수도 있습니다.

<h2 align="center">[QQQ ETF 차트]</h2>

출처 : 키움증권 MTS

나스닥 100 지수를 추종하는 QQQ와 그 구성 종목인 넷플릭스의 행보는 개별주식 투자의 위험성을 극명하게 보여줍니다. 2026년 2월 기준 차트를 보면, QQQ는 견고한 우상향을 유지하고 있는 반면, 다음의 넷플릭스는 중장기 성장 전망이 시장의 기대치에 미치지 못하며 고점 대비 -40% 가까이 폭락했습니다.

QQQ에 포함된 모든 기업이 넷플릭스처럼 하락하는 것은 아니지만, 이 사례는 개별주식의 상방과 하방을 예측하는 것

[QQQ에 포함된 넷플릭스 차트]

출처 : 키움증권 MTS

이 얼마나 불가능한 일인지를 증명합니다. 만약 넷플릭스를 대체할 강력한 경쟁 기업이 등장한다면 넷플릭스의 생존 자체를 장담할 수 없겠지만, QQQ는 다릅니다. 지수 자체의 경쟁력이 떨어지는 기업은 솎아내고 새로운 주도주를 채워 넣는 '포트폴리오 리밸런싱'을 통해 우상향의 기조를 유지하기 때문입니다.

[개별주식과 ETF 투자 비교]

개별주식 투자	・미래에 기업의 생존 유·무를 예측할 수 없다. ・분산 투자 효과가 없다. ・우상향 개념이 적용되지 않는다.
ETF 투자	・우상향하는 섹터를 찾아 예측 가능한 투자를 할 수 있다. ・ETF에 여러 종목이 압축되어 있어 사실상 분산 투자 효과가 있다. ・우상향 개념을 적용할 수 있다.

실패하지 않는 투자 공식 4단계: 우상향 개념 이해하기

> 복잡하게 생각하지 말고 주식시장을 소유하라. 이것이 가장 합리적인 투자 방법이다. 인덱스 펀드를 통해 주식시장 전체를 소유할 수 있다. 계좌를 확인하지 말고, 그냥 매달 꾸준히 투자하고, 투자하고……. 계좌를 확인하지 말아라.
>
> – 인덱스 펀드 창시자 '존 보글'

존 보글은 포트폴리오 이론을 실제 투자 상품으로 구현한 최초의 인물이자, 인덱스 펀드의 창시자입니다. 오늘날 전 세계 투자자들에게 사랑받는 VOO(Vanguard S&P500 ETF)를 탄생시킨 뱅가드 그룹의 설립자이기도 하죠.

그는 수많은 종목을 하나의 바구니에 담아 개별 기업의 리스크를 완전히 제거하고, 오직 시장 전체의 성장(시장 리스크)에만 올라타야 한다고 믿었습니다. "바늘을 찾으려 하지 말고 건초더미 전체를 사라"는 그의 말처럼, 개인 투자자는 시장을 이기려 애쓰기보다 수수료가 저렴한 인덱스 펀드에 장기 투자해야 합니다. 그래야 비로소 큰 부를 거머쥘 수 있죠. 이 단순하고도 강력한 원리는 수십 년간의 시장 역사 속에서 명확히 증명되었습니다.

존 보글은 특히 시장 평균을 추구하라고 강력히 이야기합니다. 시장을 이기려는 시도가 많을수록 실패로 끝나며, 시장 평균을 꾸준히 따라가는 것이 더 효과적이라고 이야기합니다. 그렇다면 존 보글의 조언대로 시장 평균을 추구하는 지수 자체에 투자해야 할까요? 미국 주식시장은 개장 이래 대공황과 같은 수많은 위기를 겪으면서도 결국 우상향해왔습니다. 예측 불가능한 위기가 닥칠 때마다 시장의 방향성을 맞추려 했던 투자자들은, 존 보글의 경고처럼 대부분 큰 실패를 맛보았죠.

변동성에 흔들리지 않고 시장의 성장을 온전히 내 것으로 만드는 가장 확실한 방법은 지수 투자입니다. 이제 자본주의의 심장이라 불리는 미국의 3대 지수를 추종하는 대표 ETF들을 하나씩 살펴보겠습니다.

<h2 align="center">[다우지수 추종 DIA ETF]</h2>

출처 : 키움증권 MTS

- 1998년부터 연평균 수익률: 8.97%

- 최근 5년 연평균 수익률: 11.66%

- 최근 연평균 수익률: 13.26%

- 연간 배당금: 1.4%

투자 종목 선정 기준

- 30개의 미국 Top 우량주로 구성된 다우존스 산업평균지수(DIA)의 수익률을 추종함

- 주가 기준으로 편입비중 선정함

<h2 style="text-align:center">[S&P500 지수 추종 SPY ETF]</h2>

출처 : 키움증권 MTS

- 1993년부터 연평균 수익률: 10.68%

- 최근 5년 연평균 수익률: 14.61%

- 최근 7년 연평균 수익률: 17.42%

- 연간 배당금: 1.7%

투자 종목 선정 기준

- 미국의 증권거래소(나스닥, 뉴욕증권거래소, CBOE 등)에 상
  장된 모든 기업 중에서 시가총액이 큰 상위 500 기업(시
  가총액 약 11.8억 달러 이상)

- 시가총액 비중으로 편입비중 선정

[나스닥 지수 추종 QQQ ETF]

출처 : 키움증권 MTS

- 1999년부터 연평균 수익률: 10.43%

- 최근 5년 연평균 수익률: 15.31%

- 최근 7년 연평균 수익률: 22.86%

- 연간 배당금: 0.5%

투자 종목 선정 기준

- 나스닥에 상장된 상위 100개 기업에 투자

- 금융기관이 발행한 금융주는 제외
- 시가총액 비중대로 투자

미국의 3대 지수 ETF를 살펴보면 미국 시장이 우상향할 것임을 알 수 있습니다. 투자가 어렵게 느껴지는 진짜 이유는 시장의 변동성이 아니라 우리의 욕심 때문입니다. 단기간에 승부를 보려는 조급함이 우리가 꿈꾸는 경제적 자유로부터 멀어지게 만들죠.

개인 투자자가 실패하는 이유는 크게 두 가지입니다. 첫째는 개별주식의 방향성을 맞추려는 오만함이고, 둘째는 주기적으로 찾아오는 하락장과 폭락장에서 공포를 이기지 못해 자산을 모두 잃는 구조에 노출되어 있기 때문입니다.

존 보글이 인덱스 펀드를 만든 목적을 다시 새겨야 합니다. 개별 종목의 리스크를 제거하고 지수 ETF에 투자한다면, 우리는 훨씬 평온한 마음으로 자산을 불려나갈 수 있습니다. 그래서 '실패하지 않는 투자 공식'의 4단계 핵심 원리는 바로 '우상향의 개념을 완벽히 이해하는 것'입니다. 투자를 평생 함께 할 든든한 직장으로 바라보는 마인드셋이 필요하죠.

[우상향 개념 적용 대상]

우상향 개념 적용	· 다우지수 · S&P500 지수 · 나스닥 지수 · 반도체 지수 (뒤에 소개) · 배당금 ETF (지수 ETF 연결) · 퇴직금 관리 (지수 ETF 연결)

실패하지 않는 투자 공식 5단계:
상승과 하락의 '사이클' 이해하기

15년간 투자를 이어오며 가장 견디기 고통스러웠던 순간을 꼽으라면, 저는 주저 없이 '하락장' 혹은 '폭락장'을 마주할 때라고 답할 것입니다.

늦가을에서 겨울로 넘어가던 11월, 예고 없이 폭설이 쏟아졌다고 상상해보세요. 미처 월동 준비를 하지 못한 사람들은 갑작스러운 눈보라에 당황할 것이고, 도시는 마비되며 곳곳에서 사고가 속출할 겁니다. 주식시장의 하락장도 이와 똑같습니다. 상승장 한가운데 불현듯 닥친 하락장은, 우리의 계좌에 견디기 힘든 혹독한 겨울을 몰고 옵니다.

2026년, 코스피가 꿈의 숫자인 5,000선에 도달했습니다. 저는 이미 2024년 4월에 출간한 《39세 부자 아빠의 레버리지

ETF 투자 노트》관련 기고문에서 이 '코스피 5,000시대'를 정확히 예견한 바 있습니다. 현 정부(이재명 정부)가 부동산 시장의 유동성을 억제하면서 갈 곳을 잃은 거대 자금이 주식시장으로 쏟아져 들어올 거라 확신했기 때문이죠. 과거 유로화 출범 직후, 유럽 증시가 엄청난 유동성을 바탕으로 폭등(프랑스 증시 2,000 → 6,000포인트)했던 역사적 사례가 이를 뒷받침합니다.

예상대로 부동산으로 자산 증식을 꿈꾸던 사람들마저 부랴부랴 코스피 5,000 탑승을 위해 증시로 몰려들고 있습니다. 평소 투자에 관심 없던 이들까지 뛰어드는, 그야말로 거대한 상승장이죠. 하지만 이 초보 투자자들의 가장 큰 맹점은 달콤한 '상승 사이클'만 맛보았을 뿐, 뼈아픈 '하락 사이클'을 한 번도 겪어보지 못했다는 것입니다. 부동산 사이클이 보통 10년 주기로 느리게 움직인다면, 주식시장은 2~3년의 상승기와 1년 내외의 하락기가 매우 역동적으로 반복됩니다. 단기 상승장에서는 운 좋게 누구나 수익을 낼 수 있지만, 주기적으로 찾아오는 하락장에서는 과연 어떻게 대응하시겠습니까?

2025년 4월, 트럼프 행정부의 관세 폭탄 정책으로 나스닥 지수가 며칠 만에 고점 대비 -22% 급락했던 사태를 떠올려보십시오. 당시 개별주식들은 -40% 이상 처참하게 무너졌습니다. 공포에 질려 주식을 투매한 사람들은 막대한 손실을 떠안고 시장에서 퇴출당했죠. 반면, ETF의 장기 우상향을 굳게 믿고 버틴 투자자들은 이내 수익권을 회복하고 지금의 상승장을 여유롭게 만끽하고 있습니다.

코로나19 사태 때도 마찬가지였습니다. 전례 없는 셧다운 직후, 연준의 막대한 유동성 공급으로 증시는 V자 반등을 이뤄냈고 누구나 50% 이상의 수익을 맛보았습니다. 하지만 유동성 파티가 끝나고 인플레이션 버블이 터지자, 최종적으로 수익을 지켜낸 진짜 승자는 10% 남짓에 불과했습니다.

2023년 초부터 미국을 필두로 시작된 AI 상승 사이클이 어느덧 3년 차를 지나고 있습니다. 앞으로 더 큰 버블이 발생하며 시장이 더 오를 수도 있겠지만, 이제는 다가올 하락장을 반드시 대비해야 할 시점입니다.

실패하지 않는 투자 공식 5단계의 핵심 원리는 바로 이 '하락 사이클을 인정하고, 폭설 속에서도 흔들리지 않는 멘탈을 장착하는 것'입니다. 하락장에 대한 막연한 공포는 지우셔도 좋습니다. 완벽한 방패, '6단계: 분할매수와 집중투자'라는 실전 행동 지침이 바로 다음 장에서 여러분을 기다리고 있으니까요.

[나스닥 기준 주요 위기별 하락률]

과거 '고점' 대비 하락률! (나스닥 증시 기준)	
2008년	'미국발 금융위기' 전고점 대비 -56%

2020년	'코로나 위기' 전고점 대비 -30%
2022년	'연준 금리 인상 위기' 전고점 대비 -35%
2025년	'트럼프발 관세 위기' 전고점 대비 -22%

[다우지수 차트]

출처 : 키움증권 MTS

과거의 하락장을 되짚어보겠습니다. 2008년 금융위기 이후, 미국 증시는 애플의 스마트폰 혁신 등에 힘입어 인류 역사상 최장기간 상승 랠리를 이어갔습니다. 너무 뜨겁지도 차갑지도 않게 꾸준히 성장하는 이른바 '골디락스' 장세였죠.

하지만 이 평온한 시기에도 2~3년 주기로 세 번의 굵직한 하락장이 어김없이 찾아왔습니다. 만약 지수가 고점 대비 -30% 하락할 때 개별주식에 투자했다면, 아마 -40% 이상의

ETF 불패의 법칙

손실을 겪었을 것입니다.

하락 사이클이 진짜 무서운 이유는 바로 '주도주의 교체'에 있습니다. 하락장이 끝나고 새로운 상승장이 시작될 때는 시장을 이끄는 주도 섹터와 대표 기업이 완전히 뒤바뀝니다. 이전 상승장의 주도주에 물려 제때 빠져나오지 못하면, 다음 사이클에서는 수익은커녕 원금 회복조차 장담하기 어렵죠.

하지만 개별 기업의 흥망성쇠를 넘어 꾸준한 우상향이 예측되는 지수 ETF에 투자했다면 이야기는 180도 달라집니다.

역사적 패러다임 시기	
WWW·닷컴 패러다임	1995년 말-2000년 초반 (WWW·인터넷 기업)
스마트폰 패러다임	2009년 말-2018년 초 (애플)
전기차 패러다임	2020년 초-2022년 말 (테슬라)
AI 패러다임	2023년 1월-현재 진행 중 (엔비디아)

과거의 시장 흐름을 되짚어보면, 하락 사이클이 찾아오는 주기와 역사적인 기술 패러다임이 교체되는 시기가 놀랍도록 일치한다는 사실을 알 수 있습니다. 시장은 늘 오르내림을 반복하고, 한 시대를 이끌던 기술과 기업도 빠르게 떠올랐다 빠

르게 자리에서 밀려납니다.

이 거대한 변화 속에서 개인이 특정 종목의 미래를 예측해 투자에 성공하기란 매우 어렵습니다. 특히 본업에 충실해야 하는 직장인, 육아로 바쁜 부모님, 투자가 낯선 사회초년생이 개별 종목 투자로 살아남는 것은 사실상 불가능에 가깝죠.

'실패하지 않는 투자 공식 5단계: 상승과 하락 사이클 구분하기'가 중요한 이유가 바로 여기에 있습니다.

[상승·하락 주기와 투자 전략]

상승 사이클	하락 사이클
2년에서 3년 주기로 발생	1년 남짓 마무리

주기적으로 발생하는 상승 사이클과 하락 사이클을 개인이 예측해 투자하기에는 너무나 어렵습니다. 문제점을 보완하기 위해서는 6단계인 분할매수와 집중투자에 대한 이해가 필요합니다. 5단계에서는 일단 상승 사이클과 하락 사이클의 주기를 살펴보고 내 투자 방향성을 앞에 공부한 원리와 연결해보면 됩니다.

실패하지 않는 투자 공식 6단계: 분할매수, 집중투자 공식 적용하기

분할매수, 집중투자 공식

1. 매달 월급의 10%에서 20%를 투자 자금으로 빼놓는다.
   (최종 20% 목표)

   매주 또는 매달 50%만 투자하고 나머지 50%는 적립해서 모아놓는다.

2. 인센티브나 간혹 들어오는 목돈은 집중투자 자금으로 빼놓는다.

3. 나스닥 기준 고점에서 하락이 시작되면 따로 모아놓은 종잣돈을 투자할 준비를 한다.

4. 나스닥 고점 대비 −20%일 때 모아놓은 종잣돈의 30%

를 투자한다. (나스닥 기준)

나스닥 고점 대비 −30%일 때 모아놓은 종잣돈의 30%를 추가로 투자한다.

나스닥 고점 대비 −50%일 때 모아놓은 종잣돈의 40%를 추가로 투자한다. (총 100% 투자 완료)

예시) 2025년 4월, 트럼프발 관세 충격으로 시장이 고점 대비 22% 하락하는 단기 조정을 겪은 뒤, 다시 40% 상승했음.

[나스닥 차트]

출처 : 키움증권 MTS

분할매수와 집중투자:
나스닥을 나침반 삼아 기계적으로 매수하라

우리가 따라야 할 투자 공식은 크게 두 축으로 나뉩니다. 첫째는 시장의 우상향을 믿고 매주 혹은 매월 일정 금액을 투입하는 '분할매수'이고, 둘째는 위기가 왔을 때 큰 비중을 싣는 '집중투자'입니다.

여기서 집중투자의 기준점은 오직 하나, 바로 나스닥입니다. 현재 엔비디아를 필두로 전 세계 증시를 이끄는 절대적인 대장주들이 모인 곳이기 때문입니다. 따라서 이 책에서 다루는 모든 ETF의 집중투자 타이밍은 나스닥 지수의 흐름을 기준으로 삼습니다.

그렇다면 나스닥 차트를 보며 언제, 어떻게 집중투자해야 할까요? 원칙은 다음 세 가지입니다.

1. 반드시 '월봉'으로 확인하라

잔파도에 흔들리지 않고 거시적인 시장의 전체 흐름을 읽기 위해서는 일봉이 아닌 월봉 차트를 보아야 합니다.

2. '고점 대비 하락률'을 체크하라

차트 상단 혹은 지표를 통해 현재 지수가 전고점 대비 몇

퍼센트 빠졌는지 확인합니다. (예: 2월 기준 고점 대비 -6.13% 하락)

3. 하락 폭에 맞춰 '기계적으로' 투입하라

과거 연준의 급격한 금리 인상 시기, 나스닥은 고점 대비 -35% 하락 후 상승 전환했습니다. 집중투자 공식에 따르면 이때 대기 자금의 60%를 투입해야 합니다. 반면, 2025년 4월 트럼프발 관세 정책 우려로 -22%까지 빠졌던 단기 하락장에서는 대기 자금의 30%를 투입해야 합니다.

이 모든 과정은 감정을 철저히 배제한 '기계적 대응'입니다. 과거 닷컴 버블이나 금융위기 당시에는 -50% 이상의 끔찍한 폭락장이 펼쳐지기도 했습니다. 이러한 최악의 위기까지 염두에 두면서, 하락의 깊이에 따라 정해진 비율만큼 용기 있게 자본을 싣는 것. 이것이 위기를 기회로 바꾸고 우상향의 과실을 온전히 내 것으로 만드는 집중투자의 핵심입니다.

나스닥 하락률에 따른 집중투자 실전 매뉴얼

나스닥 지수의 고점 대비 하락률(MDD)을 기준으로, 미리 준비해둔 '집중투자 자금'을 감정의 개입 없이 기계적으로 투입하는 실전 예시입니다.

[투자 대상]

지수 ETF, 반도체 ETF, 배당 ETF, 퇴직금 연계 ETF

- 1차 매수(나스닥 -20% 하락 시): 위기의 시작. 집중투자 자금의 30%를 과감하게 매수합니다.
- 2차 매수(나스닥 -30% 하락 시): 공포의 확산. 집중투자 자금의 30%를 추가로 매수합니다. (누적 투입률 60%)
- 3차 매수(나스닥 -40% 하락 시): 패닉 셀링(투매) 구간. 남은 집중투자 자금 40%를 전액 투입해 바닥 구간의 물량을 쓸어 담습니다. (누적 투입률 100% 완료)

이처럼 하락의 깊이에 따라 정해진 비율만큼 자금을 쪼개어 들어가는 것이 집중투자의 핵심입니다. 공포에 질려 시장을 떠나는 대신, 이 원칙을 지킨다면 하락장은 곧 내 평단가를 획기적으로 낮추는 최고의 기회가 됩니다.

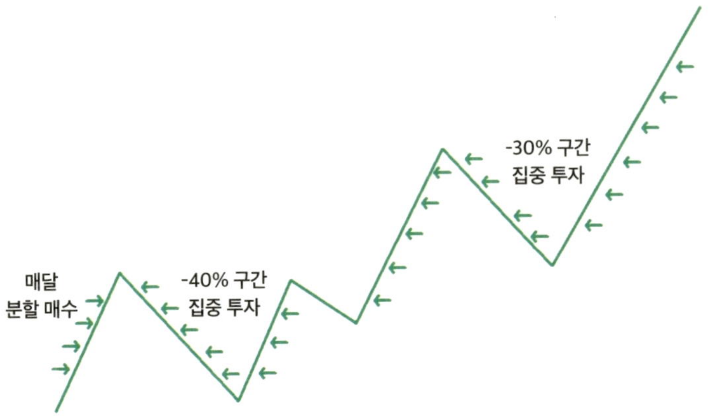

6단계는 앞서 5단계에서 배운 상승과 하락 사이클의 원리를 실전에 대입하는, 이 책에서 가장 중요한 핵심 공식입니다. 제가 15년이라는 긴 시간 동안 냉혹한 시장에서 살아남아, 마침내 ETF 투자 하나로 경제적 자립을 이뤄낸 비결도 바로 '분할매수'와 '집중투자'입니다. 이 두 가지 무기만 있다면 하락장에 완벽히 대비할 수 있을뿐더러, 웅덩이가 깊어질수록 더 큰 수익을 기대할 수 있습니다.

실전 매뉴얼: 5:5 황금 비율 매수법

과거의 데이터를 바탕으로 우상향이 확실한 투자처(미국 증시)를 골랐다면, 이제 구체적인 매수 공식을 적용해보겠습니다. 1단계에서 강조했듯, 매월 급여의 20%는 무조건 투자 자금으로 먼저 떼어놓아야 합니다.

예를 들어 매월 100만 원의 투자금이 생겼다고 가정해봅시다. 이 금액을 5:5로 나눕니다.

- 분할매수(50만 원): 매주 또는 매달 정해진 날짜에 주가와 상관없이 '기계적으로' 매수합니다.
- 집중투자(50만 원): 당장 주식을 사지 않고, 예기치 못한 하락장을 대비해 '현금(예수금)'으로 차곡차곡 모아둡니다. (인센티브나 보너스 등 목돈이 생겨도 이 집중투자용 현금 창고에 넣어둡니다.)

평균 단가는 낮아지고, V자 반등은 시작된다

분할매수, 집중투자 전략이 왜 성공할 수밖에 없는지 수학적으로 접근해보겠습니다. 주가가 100포인트에서 50포인트로 반토막이 났다가, 다시 200포인트로 치솟는 'V자 반등' 구간이 왔다고 가정해봅시다.

하락하는 내내 기계적으로 매월 똑같은 금액을 분할매수했다면, 평균 매수 단가는 100이 아닌 75 부근으로 훌쩍 낮아져 있을 것입니다. 주가가 전고점인 100포인트를 회복하기만 해도 계좌는 이미 붉은색(수익)으로 물들고, 200포인트에 도달하면 무려 100% 이상의 경이로운 수익률을 기록하게 되겠죠. 게다가 바닥 구간에서 모아둔 현금으로 집중투자까지 병행했다면? 그 수익금은 상상을 초월할 정도로 극대화됩니다. 즉, 원리를 깨친 자에게 하락장은 공포가 아니라 부를 폭발시키는 장기적인 '축제'의 장인 거죠.

이 분할매수 + 집중투자 룰을 지수 ETF에 적용하는 데 여러분의 시간과 에너지는 얼마나 필요할까요? 아마 한 달에 딱 한 번, 증권사 앱(MTS)을 켜고 기계적으로 매수 버튼을 누르는 단 3분이면 충분할 것입니다.

주식 창을 들여다볼 필요가 없으니 남은 시간과 에너지를 온전히 나를 위한 삶에 투자할 수 있습니다. 저는 이 게으른 투자법 덕분에 남는 시간 동안 글을 쓰고 책을 출간하며 새로운 소득 파이프라인과 퍼스널 브랜딩을 구축하고 있습니다. 투자에 얽매이는 대신 베짱이처럼 좋아하는 일을 하며 경제적 자유를 누리는 삶, 상상만 해도 짜릿하지 않나요?

원리만 완벽히 이해한다면, 투자는 세상에서 가장 단순하고 100% 이기는 게임이 됩니다.

분할매수+집중투자의 장점

1. 투자에 신경 쓸 필요가 없습니다.
2. 아낀 시간과 에너지를 다른 성장 루트로 사용할 수 있습니다.
3. 투자 성공 확률 100%를 자랑합니다.
4. 복리로 자산이 기하급수적으로 늘어납니다.
5. 투자 시간이 부족한 투자자들을 위한 이기는 투자 방법입니다.

분할매수+집중투자 공식

1. 매달 월급의 10%에서 20%를 투자 자금으로 빼놓는다. (최종 20% 목표)
2. 매주 또는 매달 50%만 투자하고 나머지 50%는 적립해서 모아놓는다.
3. 인센티브나 간혹 들어오는 목돈은 집중투자 자금으로 빼놓는다.
4. 나스닥 기준 고점에서 하락이 시작되면 따로 모아놓은 종잣돈을 투자할 준비를 한다.
5. 나스닥 고점 대비 -20%일 때 모아놓은 종잣돈의 30%

를 투자한다. (나스닥 기준)

나스닥 고점 대비 -30%일 때 모아놓은 종잣돈의 30%를 추가로 투자한다.

나스닥 고점 대비 -50%일 때 모아놓은 종잣돈의 40%를 추가로 투자한다. (총 100% 투자 완료)

▶▶▶ 실패하지 않는 투자 공식 6단계 ◀◀◀

Step 1.

투자 우선순위를 정하고 내 체질에 맞춰
투자할 수 있는 투자 '몸' 만들기

Step 2.

개별주식과 ETF에 대한 개념 구분하기

Step 3.

세계 증시를 이끄는 미국에 투자하기

Step 4.

우상향 개념을 이해하고, 그에 맞는 투자처에 투자하기

Step 5.

상승 사이클과 하락 사이클을 이해하고
우상향 개념을 접목해 투자 이해도 높이기

Step 6.

분할매수, 집중투자를 우상향 개념에 접목해
기계적으로 투자하기

이 '실패하지 않는 투자 공식' 6단계를 지키면 위험은 낮추고 내 자산은 키울 수 있습니다. 투자에 실패하는 사람들은 대개 원칙을 지키지 않습니다. 처음에는 장기 투자를 말하지만, 누군가 개별 종목으로 100% 넘는 수익을 냈다는 이야기를 들으면 흔들리고 말죠. 결국 기존 원칙을 버리고 급등주로 갈아타며 실수를 반복합니다. 과거의 실패를 되풀이하지 않는 방법은 우상향하는 투자처에 기계적으로 분할매수하고, 위기 시에 집중투자하는 것입니다.

3부

기적의 우상향 투자 시뮬레이션

월 30만 원을 10억 원으로 만드는 복리의 마법

2억으로 100억을 만드는
기적의 투자 공식

앞서 '실패하지 않는 투자 공식 6단계'를 통해 투자 원리를 수학 공식처럼 이해하는 것이 왜 중요한지, 어떤 마인드셋으로 장기 투자를 루틴화해야 하는지 알아보았습니다.

다가올 AI와 로봇의 시대에는 인간의 단순 노동이 기계로 점차 대체되고, 혁신을 이끄는 기업만이 살아남을 것입니다. 결국 우리가 추구해야 할 길은 일확천금을 노리는 단기 트레이더가 아닌, 자본주의의 파도에 올라타 기업의 성장을 공유하는 '평생 투자자'가 되는 것입니다.

저 역시 서른 살 중반에 위기를 겪으며 '작은 성취를 발판 삼아 흔들리지 않는 투자 구조를 만들어야 한다'는 걸 깨달았습니다. 그리고 남은 전 재산 2억 원을 긁어모아 '연평균 복리

20%'를 목표로 지수 ETF에 투자하는 장기 프로젝트를 새롭게 설계했죠. 이번 3부에서는 제가 직접 실천하고 있는 '2억으로 100억 만들기' 복리 투자법을 소개해 드리겠습니다.

자본금 2억 원, 연평균 복리 20%, 투자 기간 22년이라는 명확한 목표에, 미국 반도체 ETF(SOXX)와 반도체 2배 레버리지 ETF(USD)를 5:5 비율로 섞어 투자하는 공격적인 전략이죠. 현재 저는 이 5:5 하이브리드 전략으로 제가 목표했던 연복리 20%를 훌쩍 뛰어넘는 폭발적인 수익률을 얻고 있습니다.

[제이투 작가의 '100억 목표' 복리 투자 계획]

세팅 값	2억 원
연복리 수익률	20%
기간	22년
최종 목표	100억

내 자산으로 복리 시뮬레이션 해보기

미래의 수익을 계산해보려면 먼저 네이버에 접속해 '연복리 투자 계산기'라고 검색합니다. 그러면 '복리 계산기 - Fical. net'이란 사이트를 확인할 수 있습니다.

자, 그럼 복리 계산기에 세팅 값을 넣고, 미래 수익률이 어떻게 기하급수적으로 뻗어나가는지 시뮬레이션을 돌려보겠습니다.

[복리 계산 결과물 표]

◉ 년 ○ 월

년	원금 (₩)	수익 (₩)	최종 금액 (₩)
1	200,000,000	+40,000,000	240,000,000
2	240,000,000	+48,000,000	288,000,000
3	288,000,000	+57,600,000	345,600,000
4	345,600,000	+69,120,000	414,720,000
5	414,720,000	+82,944,000	497,664,000
6	497,664,000	+99,532,800	597,196,800
7	597,196,800	+119,439,360	716,636,160
8	716,636,160	+143,327,232	859,963,392
9	859,963,392	+171,992,678	1,031,956,070
10	1,031,956,070	+206,391,214	1,238,347,284
11	1,238,347,284	+247,669,457	1,486,016,741
12	**1,486,016,741**	**+297,203,348**	**1,783,220,090**
13	1,783,220,090	+356,644,018	2,139,864,108
14	2,139,864,108	+427,972,822	2,567,836,929
15	2,567,836,929	+513,567,386	3,081,404,315
16	3,081,404,315	+616,280,863	3,697,685,178
17	3,697,685,178	+739,537,036	4,437,222,213
18	4,437,222,213	+887,444,443	5,324,666,656
19	5,324,666,656	+1,064,933,331	6,389,599,987
20	6,389,599,987	+1,277,919,997	7,667,519,985
21	7,667,519,985	+1,533,503,997	9,201,023,982
22	9,201,023,982	+1,840,204,796	11,041,228,778

복리 시뮬레이션 표에서 첫 번째 초록색 상자로 표시한 지점이 바로 현재 제가 도달한 위치입니다. 그리고 22년 차가 되는 해, 저는 최종 목표인 110억 원에 도달하게 됩니다. 표를 보신 분들은 아마 이렇게 생각하실지도 모릅니다. '어라? 작가라고 해서 대단한 자산가인 줄 알았는데, 생각보다 돈이 많지 않네?' 맞습니다. 그런데 저는 왜 30억 원이라는 거액을 모으기

ETF 불패의 법칙

도 전에 회사를 나와 '경제적 자립'을 선언했을까요?

그 이유는 제가 이 책에서 강조하는 투자 철학을 제 삶에 그대로 적용하고 있기 때문입니다. 미래의 성장이 확실하게 예측된다면, 굳이 수십억 원이 쌓일 때까지 기다릴 필요가 없죠. 중요한 것은 '돈의 액수' 그 자체가 아니었습니다.

회사 밖으로 나오면 그동안 사회생활을 하며 불필요하게 낭비했던 에너지와 시간, 비용이 획기적으로 줄어듭니다. 소모적인 관계는 정리되고, 미래를 향해 함께 성장하는 사람들로 그 자리가 채워지죠. 제가 생각하는 경제적 자립의 기준선은 '월 500만 원'입니다. 이 정도의 탄탄한 소득구조만 갖춘다면, 누구나 자신이 원하는 삶을 향해 과감히 발을 내디뎌도 좋습니다.

어차피 우리는 모두 언젠가 은퇴를 하고 경제적 자립의 길로 들어서야 합니다. '나만의 우상향 곡선'을 하루빨리 설계해 여러분이 꿈꾸던 그 삶을 시작할 수 있기를 바랍니다.

> **2억 원의 종잣돈, 연 20% 복리, 22년의 인내**
>
> **➡ 결과는 110억 원**

※ 위 문구를 보이는 곳에 붙여놓고 자주 접하기를 권합니다.

스노우볼 공식:
월 30만 원 복리 시뮬레이션

투자를 배우러 오신 분들이 가장 많이 하시는 말씀이 있습니다. "투자 자금이 너무 적은데 저도 할 수 있을까요? 자금이 모이면 시작하려다 보니 자꾸 뒤로 미루게 되네요."

저는 '작은 성취연구소'라는 이름으로 한 달에 한 번 투자 모임을 운영하고 있습니다. 블로그를 통해 인연을 맺은 많은 분들이 모임에 오셔서 처음 하시는 말씀은 늘 같습니다. "모임 이름이 참 좋아요. 왠지 투자 초보인 저도 할 수 있을 것만 같아요!"

맞습니다. 제가 연구소의 이름을 이렇게 지은 이유는, 위대한 성공으로 나아가기 위해서는 반드시 '작은 성취'를 쌓아가는 과정이 필요하기 때문입니다. 탄탄한 기초 없이 운 좋게 얻은 결과는 독이 될 수 있습니다. 하지만 1%씩 꾸준히 성장하며 내공을 쌓은 사람은 비바람이 몰아쳐도 흔들리지 않죠.

가장 중요한 것은 "내 돈이 스스로 일해서 돈을 버네?"라는 짜릿한 경험을 직접 해보는 것입니다. 그 재미를 아는 순간, 불필요한 소비는 저절로 줄어들고 투자에 몰입하게 되는 선순환이 시작되죠. 처음부터 100만 원이라는 큰돈을 투자할 필요는 없습니다. 이 책에서는 '월 30만 원'을 기본 투자 목표로 제시하겠습니다. 이 금액이 부담스럽다면 월 10만 원부터 시작해도 좋습니다. 중요한 것은 꾸준히 적립식으로 투자할 수 있는 '투자 체질'을 만드는 것이니까요.

그럼 이제, 우리가 함께 배워나갈 미국 지수 ETF의 평균 성장률 연 10%, 월 30만 원 적립식 투자, 20년 장기 투자를 설정값으로 복리 시뮬레이션을 돌려보겠습니다. 과연 20년 뒤, 여러분의 30만 원은 어떤 결과를 보여줄까요?

미국 지수 ETF에 월 30만 원씩, 20년간 투자한 결과

[월 30만 원 적립식 투자 20년 복리 시뮬레이션]

세팅 값	월 30만 원 적립식	결괏값	
연복리 수익률	10%	총수익	145,358,623원
기간	20년	총투자금액	72,000,000원
		최종 금액	217,358,623원

● 년　○ 월

년	원금 (₩)	수익 (₩)	최종 금액 (₩)
1	3,600,000	+195,000	3,795,000
2	7,395,000	+574,500	7,969,500
3	11,569,500	+991,950	12,561,450
4	16,161,450	+1,451,145	17,612,595
5	21,212,595	+1,956,260	23,168,855
6	26,768,855	+2,511,885	29,280,740
7	32,880,740	+3,123,074	36,003,814
8	39,603,814	+3,795,381	43,399,195
9	46,999,195	+4,534,920	51,534,115
10	55,134,115	+5,348,411	60,482,526
11	64,082,526	+6,243,253	70,325,779
12	**73,925,779**	**+7,227,578**	**81,153,357**
13	84,753,357	+8,310,336	93,063,693
14	96,663,693	+9,501,369	106,165,062
15	109,765,062	+10,811,506	120,576,568
16	124,176,568	+12,252,657	136,429,225
17	140,029,225	+13,837,922	153,867,147
18	157,467,147	+15,581,715	173,048,862
19	176,648,862	+17,499,886	194,148,748
20	197,748,748	+19,609,875	217,358,623

　미국 지수 ETF에 매달 30만 원씩 투자했을 때, 10년 뒤에는 6,000만 원이 되었다가 20년 뒤에는 그것의 3배 이상인 2억 1,700만 원이 됩니다.

　한 번 더 시뮬레이션 해보겠습니다. (더 자세한 내용은 '실패하지 않는 투자 공식 6단계 분할매수와 집중투자'를 참고)

　　　　　　　　　　　　　　　　　　　　　　　ETF 불패의 법칙

<h2 align="center">[월 30만 원 적립식 투자 20년 복리 시뮬레이션]</h2>

세팅 값	월 30만 원 적립식		결괏값
집중투자 금액	5,000만 원	총수익	430,015,371원
연복리 수익률	10%	총투자금액	121,700,000원
기간	20년	최종 금액	551,715,371원

◉ 년 ○ 월

년	원금 (₩)	수익 (₩)	최종 금액 (₩)
1	53,300,000	+5,165,000	58,465,000
2	62,065,000	+6,041,500	68,106,500
3	71,706,500	+7,005,650	78,712,150
4	82,312,150	+8,066,215	90,378,365
5	93,978,365	+9,232,837	103,211,202
6	106,811,202	+10,516,120	117,327,322
7	120,927,322	+11,927,732	132,855,054
8	136,455,054	+13,480,505	149,935,559
9	153,535,559	+15,188,556	168,724,115
10	172,324,115	+17,067,412	189,391,527
11	192,991,527	+19,134,153	212,125,679
12	**215,725,679**	**+21,407,568**	**237,133,247**
13	240,733,247	+23,908,325	264,641,572
14	268,241,572	+26,659,157	294,900,729
15	298,500,729	+29,685,073	328,185,802
16	331,785,802	+33,013,580	364,799,382
17	368,399,382	+36,674,938	405,074,320
18	408,674,320	+40,702,432	449,376,753
19	452,976,753	+45,132,675	498,109,428
20	501,709,428	+50,005,943	551,715,371

첫 번째는 복리 기간 20년, 월 30만 원, 연 10%, 분할매수 적용 값이었다면, 이 두 번째는 집중투자 금액 5,000만 원으로 세팅해봤습니다. 집중투자 자금 5,000만 원을 투자하고 이후 적립식으로 투자한다면 결괏값은 확연히 차이가 납니다. 집

중투자 자금 없이 월 30만 원을 투자할 경우 수익은 1억 4,500만 원, 최종 금액은 2억 1,700만 원이 되지만, 집중투자 자금 5,000만 원을 투자한다면 총수익은 4억 3,000만 원이 되고, 최종 금액은 5억 5,100만 원이 됩니다. 5,000만 원이라는 종잣돈이 시간과 결합해 무려 3억 원 이상의 격차를 만들어낸 거죠.

자산 증폭 공식:
월 50만 원 복리 시뮬레이션

이제 월 30만 원 적립에 익숙해졌다면, 소비 체질을 조금 더 개선해 '월 50만 원'까지 투자금을 늘려봅시다. 월 50만 원은 미래의 나를 지켜줄 최소한의 방어막이자 가장 든든한 공격수입니다. 사회초년생이라면 조급해하지 말고 이 금액을 목표로 장기 전략을 세우시고요, 여유가 있는 분이라면 반드시 50만 원을 1순위로 먼저 떼어놓는 연습을 하십시오.

설정값은 앞선 시뮬레이션과 동일하게 유지하고, 금액만 50만 원으로 상향해 차이를 확인해봅시다.

미국 지수 ETF에 월 50만 원씩, 20년간 투자한 결과

[월 50만 원 적립식 투자 20년 복리 시뮬레이션]

세팅 값	월 50만 원 적립식	결괏값	
연복리 수익률	10%	총수익	242,264,372원
기간	20년	총투자금액	120,000,000원
		최종 금액	362,264,372원

◉ 년　○ 월

년	원금 (₩)	수익 (₩)	최종 금액 (₩)
1	6,000,000	+325,000	6,325,000
2	12,325,000	+957,500	13,282,500
3	19,282,500	+1,653,250	20,935,750
4	26,935,750	+2,418,575	29,354,325
5	35,354,325	+3,260,433	38,614,758
6	44,614,758	+4,186,476	48,801,233
7	54,801,233	+5,205,123	60,006,357
8	66,006,357	+6,325,636	72,331,992
9	78,331,992	+7,558,199	85,890,191
10	91,890,191	+8,914,019	100,804,211
11	106,804,211	+10,405,421	117,209,632
12	**123,209,632**	**+12,045,963**	**135,255,595**
13	141,255,595	+13,850,559	155,106,154
14	161,106,154	+15,835,615	176,941,770
15	182,941,770	+18,019,177	200,960,947
16	206,960,947	+20,421,095	227,382,041
17	233,382,041	+23,063,204	256,445,246
18	262,445,246	+25,969,525	288,414,770
19	294,414,770	+29,166,477	323,581,247
20	329,581,247	+32,683,125	362,264,372

10년 뒤의 수익은 4,000만 원, 자산은 1억 원이 됩니다. 20년 뒤에는 누적 수익이 2억 4,000만 원, 총자산은 3억 6,200만

　　　　　　　　　　　　　　　ETF 불패의 법칙

원이 되죠. 원금 총 1억 2,000만 원 대비 3배 가까운 준수한 성적입니다.

한 번 더 집중투자 값을 추가해 시뮬레이션해보겠습니다. 세팅 값을 적립식 50만 원으로 바꾸고 집중투자 금액은 5,000만 원으로 설정해보겠습니다.

[집중투자 및 월 50만 원 적립식 투자 20년 복리 시뮬레이션]

세팅 값	월 50만 원 적립식	결괏값	
집중투자 금액	5,000만 원	총수익	525,775,619원
연복리 수익률	10%	총투자금액	169,500,000원
기간	20년	최종 금액	695,275,619원

◉ 년　○ 월

년	원금 (₩)	수익 (₩)	최종 금액 (₩)
1	55,500,000	+5,275,000	60,775,000
2	66,775,000	+6,402,500	73,177,500
3	79,177,500	+7,642,750	86,820,250
4	92,820,250	+9,007,025	101,827,275
5	107,827,275	+10,507,728	118,335,003
6	124,335,003	+12,158,500	136,493,503
7	142,493,503	+13,974,350	156,467,853
8	162,467,853	+15,971,785	178,439,638
9	184,439,638	+18,168,964	202,608,602
10	208,608,602	+20,585,860	229,194,462
11	235,194,462	+23,244,446	258,438,909
12	**264,438,909**	**+26,168,891**	**290,607,799**
13	296,607,799	+29,385,780	325,993,579
14	331,993,579	+32,924,358	364,917,937
15	370,917,937	+36,816,794	407,734,731
16	413,734,731	+41,098,473	454,833,204
17	460,833,204	+45,808,320	506,641,525
18	512,641,525	+50,989,152	563,630,677
19	569,630,677	+56,688,068	626,318,745
20	632,318,745	+62,956,874	695,275,619

총투자 원금은 1억 7,000만 원(5,000만 원+적립금)으로 늘어
나지만, 20년 뒤 최종 자산은 무려 6억 9,500만 원에 달합니다.
단순히 원금 5,000만 원을 더 보탰을 뿐인데, 결과값은 적립식
만 했을 때보다 거의 2배 가까이 벌어진 거죠. 이게 바로 '실패
하지 않는 투자 공식'의 핵심인 '집중투자와 복리가 만났을 때
일어나는 기적'입니다.

퀀텀 점프 공식:
월 100만 원 복리 시뮬레이션

언젠가 사석에서 만난 사업부 임원분께 제가 작가와 투자자로서 미래를 준비하고 있다는 말씀을 조심스럽게 드린 적이 있습니다. 눈치를 보던 제게 그분은 의외의 응원을 건네셨습니다. "작가님, 정말 잘하고 계신 겁니다. 저도 기를 쓰고 임원까지 올라왔지만, 사실 1년 계약직이라 내년에 이 자리에 없을지도 모르거든요." 불안해 보일 법도 했지만 그분은 당당했습니다. 회사 밖으로 나가더라도 매달 300만 원씩 연금을 받을 수 있도록 준비를 끝냈기 때문이죠. 비결을 묻자 그분은 "20년 전부터 월 100만 원씩 미국 지수 ETF를 기반으로 한 적립식 상품에 투자해왔습니다"라고 답했습니다.

당시에는 매달 100만 원이라는 거금을 떼어놓는 게 무척 힘들고 고민도 많았다고 합니다. 하지만 월급날 강제로 돈이 빠져나가는 시스템을 구축했기에 포기하지 않을 수 있었습니다. 성과급을 받고 연봉이 오를 때마다 20년 전의 그 선택에 감사하며 투자를 지속한 결과, 이제는 은퇴가 두렵지 않은 자산가가 된 것입니다.

우리는 대개 20년 뒤를 내다보는 장기 투자를 직접 경험해본 적이 없습니다. 그래서 이 임원분의 사례처럼 앞서 성공한 이들의 발자취와 시뮬레이션을 통해 미래를 예측해보는 과정이 반드시 필요합니다. 연평균 10% 이상 고속 성장하는 미국 지수 ETF에 매달 100만 원이라는 든든한 '씨앗'을 20년간 심는다면, 그 열매는 상상 이상으로 풍성할 것이니까요.

이제 탄탄하게 성장할 여러분의 미래를 그리며, 월 100만 원을 설정값으로 복리 시뮬레이션을 돌려보겠습니다. 나머지 조건은 이전과 동일합니다.

미국 지수 ETF에 월 100만 원씩, 20년간 투자한 결과

[월 100만 원 적립식 투자 20년 복리 시뮬레이션]

세팅 값	월 100만 원 적립식	결괏값	
연복리 수익률	10%	총수익	484,524,744원
기간	20년	총투자금액	240,000,000원
		최종 금액	724,528,744원

ETF 불패의 법칙

년	원금 (₩)	수익 (₩)	최종 금액 (₩)
1	12,000,000	+650,000	12,650,000
2	24,650,000	+1,915,000	26,565,000
3	38,565,000	+3,306,500	41,871,500
4	53,871,500	+4,837,150	58,708,650
5	70,708,650	+6,520,865	77,229,515
6	89,229,515	+8,372,952	97,602,467
7	109,602,467	+10,410,247	120,012,713
8	132,012,713	+12,651,271	144,663,984
9	156,663,984	+15,116,398	171,780,383
10	183,780,383	+17,828,038	201,608,421
11	213,608,421	+20,810,842	234,419,263
12	246,419,263	+24,091,926	270,511,190
13	282,511,190	+27,701,119	310,212,309
14	322,212,309	+31,671,231	353,883,539
15	365,883,539	+36,038,354	401,921,893
16	413,921,893	+40,842,189	454,764,083
17	466,764,083	+46,126,408	512,890,491
18	524,890,491	+51,939,049	576,829,540
19	588,829,540	+58,332,954	647,162,494
20	659,162,494	+65,366,249	724,528,744

10년간 투입된 순수 원금은 1억 2,000만 원, 누적 총수익은 8,100만 원으로 자산은 2억 원이 되어 있습니다. 그리고 20년 차에는 누적 수익이 4억 8,400만 원, 총자산은 7억 2,400만 원이 되어 있죠.

이번에는 집중투자 금액으로 1억 원을 넣어봤습니다. 다른 조건과 이전과 같습니다.

[집중투자 및 월 100만 원 적립식 투자 20년 복리 시뮬레이션]

세팅 값	월 100만 원 적립식	결괏값	
집중투자 금액	1억 원	총수익	1,051,551,239원
연복리 수익률	10%	총투자금액	339,000,000원
기간	20년	최종 금액	1,390,551,239원

● 년 ○ 월

년	원금 (₩)	수익 (₩)	최종 금액 (₩)
1	111,000,000	+10,550,000	121,550,000
2	133,550,000	+12,805,000	146,355,000
3	158,355,000	+15,285,500	173,640,500
4	185,640,500	+18,014,050	203,654,550
5	215,654,550	+21,015,455	236,670,005
6	248,670,005	+24,317,001	272,987,006
7	284,987,006	+27,948,701	312,935,706
8	324,935,706	+31,943,571	356,879,277
9	368,879,277	+36,337,928	405,217,204
10	417,217,204	+41,171,720	458,388,925
11	470,388,925	+46,488,892	516,877,817
12	528,877,817	+52,337,782	581,215,599
13	593,215,599	+58,771,560	651,987,159
14	663,987,159	+65,848,716	729,835,875
15	741,835,875	+73,633,587	815,469,462
16	827,469,462	+82,196,946	909,666,408
17	921,666,408	+91,616,641	1,013,283,049
18	1,025,283,049	+101,978,305	1,127,261,354
19	1,139,261,354	+113,376,135	1,252,637,490
20	1,264,637,490	+125,913,749	1,390,551,239

적립식 월 100만 원에 집중투자 금액 1억 원을 더하니, 20년 뒤에는 13억 9,000만 원이라는 압도적인 결과에 도달합니다.

우리가 월 30만 원, 50만 원, 100만 원으로 나누어 시뮬레이션해보는 이유는 무엇일까요? 대부분의 사람은 막연히 '생각'만 할 뿐, 정확한 '수치'를 가지고 도전하지 않기 때문입니

  ETF 불패의 법칙

다. 머릿속에만 머무는 꿈은 안개처럼 흐릿하지만, 복리 표를 통해 내 눈앞에 숫자로 박힌 목표는 강력한 실행력을 만들어 냅니다. 내가 가야 할 길을 시각화하고 도전하는 사람과 그렇지 않은 사람 사이에는 시간이 흐를수록 메울 수 없는 거대한 격차가 발생합니다.

인플레이션을 이기는 불패 공식: 미국 3대 지수의 무한 우상향

미국 지수 ETF의 종목들을 살펴보기 전, 우리는 왜 미국 시장이 장기적으로 우상향할 수밖에 없는지 그 원리를 먼저 이해해야 합니다. 확신이 있어야 흔들림 없는 투자 구조를 설계할 수 있기 때문이죠. 미국이 우상향하는 가장 큰 이유는 바로 전 세계를 선도하는 '빅테크 기업'들이 포진해 있기 때문입니다.

우선 미국 시장을 지탱하는 3대 지수의 개념부터 정리해보겠습니다.

- 다우존스 산업평균지수(Dow Jones): 1896년 탄생한 가장 오래된 지수입니다. 미국 증시를 대표하는 초우량주 30

개 종목으로 구성되며, 미국 경제의 '심장'과 같은 역할을 합니다.

- S&P500 지수: 뉴욕증권거래소 상장 기업 중 우량한 500개 종목을 선정해 만든 지수입니다. 미국 전체 시가총액의 약 85%를 아우르며, 미국 경제의 전반적인 건강 상태를 보여주는 가장 표준적인 지표입니다.
- 나스닥 100(NASDAQ 100): 나스닥 증권거래소에 상장된 기업 중 금융주를 제외한 시가총액 상위 100개 기업을 모은 지수입니다. 애플, 마이크로소프트, 아마존, 엔비디아 등 혁신 기술주들이 대거 포진해 있습니다.

기술주가 중심이 된 '우상향 연쇄 고리'

미국 증시가 멈추지 않고 성장해온 이유는, 이 3대 지수가 서로 긴밀하게 맞물리며 기술주의 혁신을 시장 전체로 흡수해왔기 때문입니다. 2026년 2월 기준, 워런 버핏의 버크셔 해서웨이(시총 10위)를 제외한 미국 시가총액 상위 1~9위 기업은 모두 '기술주'가 차지하고 있습니다. 과거 전통 산업 중심의 시대에서 이제는 명실상부한 '기술주 전성시대'로 완전히 진입한 것이죠.

혁신 기술의 최전선에 선 나스닥100 기업들은 자연스럽게

S&P500의 핵심 종목으로 편입됩니다. 그리고 그중에서도 충분히 검증된 우량 기업들은 다시 다우지수에도 이름을 올리죠. 다시 말해, 나스닥을 앞세운 기술주의 가파른 성장이 S&P500을 끌어올리고, 그 흐름이 다시 다우지수까지 번져가는 구조인 셈입니다.

미국의 기술 혁신이 계속되는 한, 나스닥과 S&P500, 다우지수로 이어지는 우상향의 힘은 앞으로도 지속될 수밖에 없습니다. 인플레이션을 방어하는 가장 강력한 '헤지(Hedge)' 수단이 미국 3대 지수 투자인 이유가 바로 여기에 있습니다.

[S&P500과 다우지수의 구성 관계]

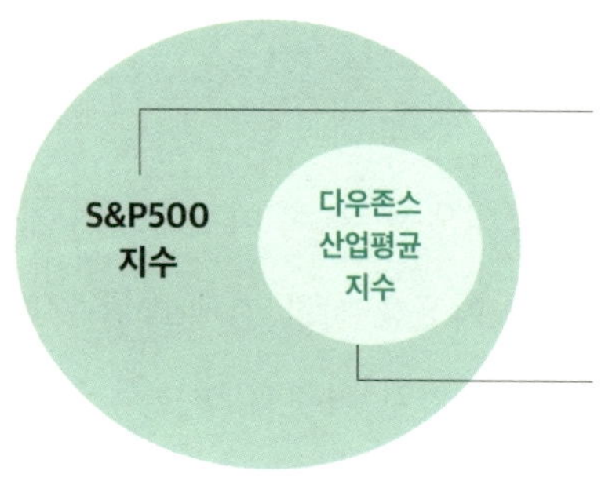

출처 : 삼성증권

ETF 불패의 법칙

[미국 3대 지수 대표 종목]

	나스닥	S&P500	다우지수
1	엔비디아(NVDA)	엔비디아(NVDA)	골드만 삭스(GS)
2	애플(AAPL)	애플(AAPL)	캐터필러(CAT)
3	마이크로소프트(MSFT)	마이크로소프트(MSFT)	마이크로소프트(MSFT)
4	아마존닷컴(AMZN)	아마존닷컴(AMZN)	홈디포(HD)
5	메타 플랫폼스(META)	알파벳 Class A(GOOGL)	아메리칸 익스프레스(AXP)
6	알파벳 Class A(GOOGL)	브로드컴(AVGO)	암젠(AMGN)
7	테슬라(TSLA)	알파벳 Class C(GOOG)	셔윈-윌리엄즈(SHW)
8	알파벳C(GOOG)	메타 플랫폼스(META)	비자(V)
9	월마트(WMT)	테슬라(TSLA)	맥도날드(MCD)
10	브로드컴(AVGO)	버크셔 해서웨이 CLASS B(BRK .B)	제이피모간 체이스(JPM)

2026년 2월 기준 지수 추종 ETF 투자 비중 TOP 10

미국 기업은 어떻게 내 자산을 지켜주는가?

미국 증시가 우상향하는 두 번째 핵심 이유는 강력한 '인플레이션 헤지' 효과입니다. 여기서 헤지란 물가 상승으로 인해 내 돈의 실질 가치가 떨어지는 것을 막아준다는 뜻입니다.

예를 들어 보겠습니다. 10년 전 내 월급이 300만 원이었고, 매년 조금씩 올라 현재 360만 원이 되었다고 가정합시다. 내 연봉은 20% 올랐지만, 그사이 우리가 먹고 자고 쓰는 물가가 50% 올랐다면 어떻게 될까요? 사실상 내 연봉의 실질 가치는 물가 상승분만큼 깎여나간 셈이며, 나는 10년 전보다 더 가난해진 것입니다.

은행의 정기예금은 결코 물가 상승 속도를 따라잡지 못합니다. 하지만 연평균 10%의 수익률을 기록해온 미국 지수 ETF에 투자했다면 상황은 정반대가 되죠. 약 3% 수준인 인플레이션을 가볍게 뛰어넘어, 시간이 갈수록 복리의 힘으로 내 자산의 가치를 지켜내고 불려나가니까요.

독과점 기업의 무기, '가격 전가력'

미국에는 우리가 이름만 대면 아는 강력한 독과점 기업들이 즐비합니다. 원자재 가격이 올라 인플레이션 수치가 치솟아도 코카콜라, 애플, 맥도날드 같은 기업들은 손해를 보지 않죠. 그들에게는 '가격 전가력'이라는 막강한 무기가 있으니까요.

실제로 2015년 기사를 보면 캔콜라(350mL) 가격은 1,100원 수준이었습니다. 그런데 10여 년이 지난 현재 2026년, 편의점에서의 캔콜라 가격은 2,100원을 훌쩍 넘어섰습니다. 무려

ETF 불패의 법칙

90% 가까이 상승한 수치죠.

어떻게 이런 일이 가능할까요? 미국의 독과점 기업들은 압도적인 '브랜드 파워'를 바탕으로 원자재 상승분을 제품 가격에 그대로 반영합니다. 소비자들은 처음엔 투덜거리지만, 이내 그 가격에 익숙해져 다시 지갑을 엽니다.

결국 우리 월급은 제자리걸음이라 가난해지지만, 기업은 물가가 오르는 만큼 제품 가격을 올려 매출과 영업이익을 방어합니다. 매출이 늘어나니 주가는 자연스럽게 우상향하게 되고요. 이 원리를 이해하셨나요? 미국 기업에 투자하지 않은 채 그들의 제품만 소비하고 있다면, 우리는 앉아서 가난해지는 구조 속에 살고 있는 것입니다.

그럼 이제 미국의 대표적인 독과점 기업인 코카콜라의 사례를 통해, 주가가 실제로 어떻게 우상향해왔는지 구체적으로 살펴보겠습니다.

2012년까지만 해도 코카콜라는 브랜드 가치 순위에서 늘 1위를 차지할 만큼 강력한 브랜드 파워를 가지고 있었습니다. 하지만 2019년부터 애플과 같은 정보통신기업들의 브랜드 가치가 급성장하면서 2020년 기준으로 코카콜라의 브랜드 파워는 6위로 내려갔죠. 그럼에도 불구하고 전 세계 음료 시장에 진출해 있는 만큼 여전히 코카콜라의 브랜드 파워는 엄청난 영향력을 발휘하고 있습니다. 실제로 북한, 쿠바, 러시아를 제

[코카콜라 차트]

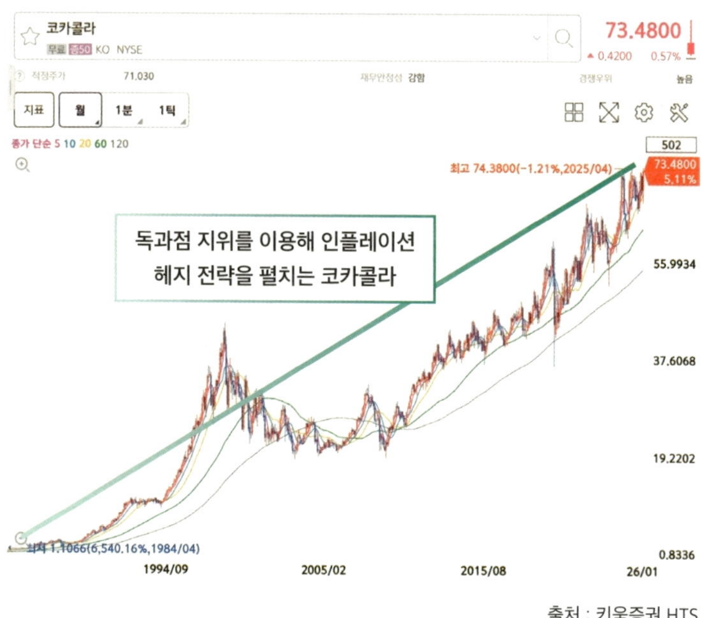

출처 : 키움증권 HTS

외하면 코카콜라 사업을 하고 있지 않은 나라가 없을 정도죠. 과거에 그랬던 것처럼 앞으로도 인플레이션이 발생하고, 원자재 가격이 올라도 매출과 영업이익은 우상향할 가능성이 큽니다.

이제 남은 것은 여러분의 선택뿐입니다. 매일같이 미국 기업의 제품을 비싸게 사 먹고 쓰며 앉아서 가난해지는 길을 선택하시겠습니까? 아니면 그 기업들의 주인이 되어 인플레이션을 이기는 '미국 ETF'에 올라타시겠습니까?

ETF 불패의 법칙

기업의 우상향이 내 자산의 우상향이 되는 구조

기업의 '가격 전가력'이 만드는 우상향

원자재 가격 상승 ➡ 인플레이션 발생 ➡ 독점적 기업(애플, 코카콜라 등)의 브랜드 파워 ➡ 원자재 상승분을 제품 가격에 전가 ➡ 기업의 매출 및 영업이익 동반 상승 ➡ 주가 상승 ➡ 미국 지수 우상향

기업의 '우상향'을 내 자산으로 연결하는 법

미국 우상향 ETF 투자 ➡ 인플레이션 발생 ➡ 기업 수익성 보존 및 주가 상승 ➡ 내 계좌의 자산 가치 동반 상승 ➡ 인플레이션 헤지 및 복리 효과 극대화 ➡ 경제적 자립(복리의 삶) 완성

[미국 지수 추종 ETF 추천 대상]

미국 지수 추종 ETF가 적합한 투자자
주식투자에 어려움을 겪는 초보 투자자
안정적인 수익을 원하는 투자자
종잣돈이 작아도 투자를 시작해보고 싶은 투자자
타이밍 매매가 어려운 투자자

전통 우량주 투자 공식:
흔들리지 않는 30개 기업, DIA ETF

2025년은 거의 모든 자산 가치가 동시에 오르는 이른바 '에브리싱 랠리(All Everything Rally)'가 펼쳐진 기록적인 한 해였습니다. 본래 주식과 같은 위험자산이 오르면 금과 같은 안전자산은 하락하는 것이 일반적인 시장의 문법이었으나, 2025년은 달랐죠.

트럼프 행정부의 관세 정책에 따른 불확실성, 기축통화의 약세 우려, 지속되는 전쟁 이슈 등 복합적인 요인이 맞물리며 금과 은 같은 대표적인 안전자산 가격까지 폭등하는 기이한 현상이 나타났습니다. 그중에서도 특히 '은(Silver)' 가격의 상승세는 가히 압도적이었습니다. 2025년 한 해를 돌아봤을 때, 은은 무려 126%라는 경이로운 상승률을 기록하며 금, 나스닥,

심지어 비트코인 등 다른 어떤 자산보다도 높은 수익률을 자랑했죠. 아래 도표를 통해 2025년 주요 자산들의 가격 상승 지표를 확인해보겠습니다.

[2025년 자산별 상승률]

자산	상승률
은(Silver)	126%
금(Gold)	65%
구리(Copper)	32%
나스닥(NASDAQ)	19%
비트코인(Bitcoin)	-7%

2026년 1월 30일, 금융 역사에 기록될 유례없는 사건이 발생했습니다. 밤사이 손을 쓸 틈도 없이 은 가격이 장중 -35%나 수직 낙하한 것이죠. 대표적 안전자산인 금(Gold) 역시 -11% 하락하며, 금과 은 모두 역사상 가장 가파른 하락 폭을 기록했습니다.

특히 은의 경우, 2025년의 폭등 랠리에 뒤늦게 올라탄 현물 투자자들과 선물 투자자들 모두 '매도 버튼'을 누를 기회조차 얻지 못한 채 버블 붕괴의 직격탄을 맞았습니다.

다우지수(DIA)를 심층 분석하기에 앞서, 이 처참한 은 가격의 폭락을 먼저 들여다봐야 하는 이유는 뭘까요? 바로 자산의 '안정성'과 '지속 가능한 우상향'의 가치를 깨닫기 위함입니다. 다음의 은 가격 차트를 통해 당시의 긴박했던 폭락 상황을 직접 확인해보겠습니다.

[은 가격 차트]

출처: investing.com

은 가격의 역사를 살펴보면 두 번의 거대한 버블이 있었습니다. 가격은 미친 듯이 폭등했지만, 버블이 꺼진 뒤에는 허망하게도 원래 가격으로 돌아갔죠. 2025년 은 가격이 치솟을 때 뒤늦게 뛰어든 투자자들은 아마 잠 못 이루는 고통 속에 있을지도 모릅니다.

대부분의 자산은 영원히 우상향하지 않습니다. 은처럼 폭등한 뒤 다시 제자리로 돌아오는 자산을 고점에서 매수했다면, 그다음은 끝을 알 수 없는 기다림이 될 뿐입니다. 하지만 DIA(SPDR Dow Jones Industrial Average ETF Trust)에 올라타면, 보다 안정적으로 우상향의 과실을 누릴 수 있습니다.

DIA는 가장 오랜 역사를 지닌 '다우존스 산업평균 지수'를 추종합니다. 골드만삭스, 마이크로소프트, 홈디포, 비자, 맥도날드, 코카콜라, 보잉 등 이름만 들어도 고개가 끄덕여지는 미국의 국가대표 블루칩 기업 30개에 분산 투자하죠.

이 기업들이 장기간 시장을 지배할 수 있는 비결은 무엇일까요? 바로 강력한 브랜드 파워를 바탕으로 구축한 '경제적 해자(Economic Moat)' 덕분입니다. 워런 버핏이 처음 언급한 이 개념은, 성곽 주변을 둘러싼 깊은 구덩이(해자)처럼 경쟁자가 감히 넘볼 수 없는 기업만의 '지속 가능한 경쟁 우위'를 뜻합니다. 뛰어난 아이디어는 누구나 복제할 수 있지만, 강력한 해자를 갖춘 기업은 어떤 공격에도 무너지지 않죠.

DIA ETF는 바로 이런 '무너지지 않는 성곽' 30개를 모아 놓은 집합체입니다. 내실이 튼튼하고 생존력이 검증된 기업들로 구성되어 있기에, 초보 투자자나 안정적인 자산 운용을 원하는 분들에게 가장 적합한 투자처가 됩니다.

<h1 align="center">[DIA ETF 개요]</h1>

운용사	State Street Investment Management
설정일	1998.01.13
기초지수	DJ Industrial Average TR USD
시가총액	44,163.6M
운용보수	0.16%
배당금	1.37%
배당 횟수	월 배당(12번)

<h2 align="center">[DIA ETF 대표구성 종목 및 투자 비율]</h2>

	DIA ETF 구성 종목	투자 비율
1	골드만 삭스(GS)	11.8%
2	캐터필러(CAT)	8.08%
3	마이크로소프트(MSFT)	6.05%
4	홈디포(HD)	4.71%
5	아메리칸 익스프레스(AXP)	4.48%
6	암젠(AMGN)	4.39%
7	셔윈 윌리엄스(SHW)	4.3%
8	비자(V)	4.11%
9	맥도날드(MCD)	3.93%
10	제이피모간 체이스(JPM)	3.78%

DIA 상위 10개 종목

[DIA ETF 연평균 수익률과 차트]

DIA 연평균 수익률	
3년	15.93%
5년	11.91%
7년	12.28%
10년	14.20%
2001년부터	9.08%

출처 : 키움증권 MTS

DIA의 역사는 그 자체로 우상향의 증거입니다. 2009년 최저점 이후의 굵직한 흐름을 주목해보면, 금융위기나 팬데믹 같은 거대한 경제적 충격이 닥쳤을 때도 일시적인 출렁임만 겪었을 뿐, 이내 위기를 딛고 연평균 10% 수준의 견고한 성장을 이어왔습니다. 1998년 1월 상장 이후 현재까지 연평균 9.08%의 수익률을 기록해왔고, 여기에 약 1.37%의 연간 분배율(배당수익)까지 더해졌죠. 즉, 받은 배당금을 다시 재투자했다면 연평균 10%에 육박하는 강력한 복리 수익을 거둘 수 있었다는 뜻입니다.

이제 우리가 앞서 배운 '실패하지 않는 투자 공식 6단계' 분할매수와 집중투자 전략을 이 데이터에 대입해보겠습니다. 과연 10%의 복리 마법이 여러분의 자산을 어떻게 변화시킬까요?

실전 시뮬레이션: 1억 원의 집중투자와 월 50만 원 적립

집중투자 자금 1억 원과 매월 적립식 투자금 50만 원을 20년 동안 투자한다고 가정합시다. 수익률은 DIA의 역사적 성과인 '연 10%'를 적용합니다.

ETF 불패의 법칙

세팅 값	월 50만 원 적립식		결괏값	
집중투자 금액	1억 원		총수익	812,150,617원
연복리 수익률	10%		총투자금액	219,500,000원
기간	20년		최종 금액	1,031,650,617원

● 년　○ 월

년	원금 (₩)	수익 (₩)	최종 금액 (₩)
1	105,500,000	+10,275,000	115,775,000
2	121,775,000	+11,902,500	133,677,500
3	139,677,500	+13,692,750	153,370,250
4	159,370,250	+15,662,025	175,032,275
5	181,032,275	+17,828,228	198,860,503
6	204,860,503	+20,211,050	225,071,553
7	231,071,553	+22,832,155	253,903,708
8	259,903,708	+25,715,371	285,619,079
9	291,619,079	+28,886,908	320,505,987
10	326,505,987	+32,375,599	358,881,585
11	364,881,585	+36,213,159	401,094,744
12	**407,094,744**	**+40,434,474**	**447,529,218**
13	453,529,218	+45,077,922	498,607,140
14	504,607,140	+50,185,714	554,792,854
15	560,792,854	+55,804,285	616,597,140
16	622,597,140	+61,984,714	684,581,854
17	690,581,854	+68,783,185	759,365,039
18	765,365,039	+76,261,504	841,626,543
19	847,626,543	+84,487,654	932,114,197
20	938,114,197	+93,536,420	1,031,650,617

　20년 동안 투입된 총투자금은 2억 1,900만 원이지만, 최종 자산은 무려 10억 3,000만 원에 달합니다. 순수익만 8억 원이 넘죠. 제가 초기 자본금을 1억 원으로, 월 투자금을 50만 원으로 다소 높게 설정한 이유는 '1억의 임계점'을 믿기 때문입니

다. 1,000만 원을 1억으로 불리는 데는 엄청난 시간과 생살을 깎는 에너지가 필요하지만 1억 원이 모이는 순간부터는 자산 스스로가 복리의 날개를 달고 증식하기 시작하죠.

시장 전체 소유 공식: 미국 500대 기업을 한 번에, SPY ETF

1993년 1월 22일에 상장된 SPY(SPDR S&P500 ETF Trust)는 세계 최초의 ETF이자 명실상부한 지구상 최대 규모의 펀드입니다. 미국을 대표하는 500개 우량 기업의 성과를 그대로 추종하도록 설계된 이 상품은 자산 규모만 500조 원이 넘으며, 전 세계에서 가장 활발하게 거래되는 ETF의 대명사이죠.

국내 투자자들에게도 가장 친숙한 SPY는 리먼 브러더스 사태, 코로나 위기 등 굵직한 경제 파고를 모두 견뎌내며 꾸준히 우상향해왔습니다. 특히 역사적으로 20년 이상 장기 보유했을 때 손실을 볼 확률이 0%에 수렴했죠.

SPY는 다우지수(DIA)의 30개 기업보다 훨씬 많은 500개 기업에 분산 투자하기에 개별 기업의 리스크를 극도로 낮춥니다. 수익률과 안정성의 밸런스도 매우 뛰어나며, 나스닥(QQQ)보다 변동성이 적고 다우(DIA)보다 조금 더 높은 수익률을 기대할 수 있죠.

위험은 덜고 성장은 채우고

SPY는 미국 주요 증권거래소에 상장된 기업의 덩치(시가총액)에 비례해 투자 비율을 산정합니다. SPY의 가장 큰 장점은 '리스크 원천 차단 시스템'인데요. 분기마다 정기적인 재조정(Rebalancing)을 통해 부실해진 기업을 빼고, 새롭게 떠오르는 우량 기업을 채워 넣죠. 특정 기업이 파산하거나 상장 폐지되더라도 투자자에게 위험이 전이될 확률이 제로(0)에 가깝습니다. 운용사가 알아서 '최고의 선수단'을 상시 유지해주니까요.

1993년 상장 이후 SPY 성적표

- 연평균 수익률: 약 10.68%
- 연평균 배당 수익률: 약 1.1%
- 배당 재투자 시 총수익률: 연평균 약 11.78%

수익률이 앞서 살펴본 DIA(10%)보다 약 1.7%가량 더 높습니다. 단 1.7%의 차이라도 복리의 마법이 더해지면 20년 뒤의 계좌 잔고는 천양지차로 달라지죠.

[SPY ETF 개요]

운용사	State Street Investment Management
설정일	1993.01.22
기초지수	S&P500 TR USD
시가총액	708,856.9M
운용보수	0.09%
배당금	1.05%
배당 횟수	분기 배당(4번)

[SPY ETF 대표구성 종목 및 투자 비율]

	SPY ETF 구성 종목	투자 비율
1	엔비디아(NVDA)	7.81%
2	애플(AAPL)	6.36%
3	마이크로소프트(MSFT)	6%
4	아마존닷컴(AMZN)	3.97%

5	알파벳 Class A(GOOGL)	3.28%
6	브로드컴(AVGO)	2.64%
7	알파벳 Class C(GOOG)	2.62%
8	메타 플랫폼스(META)	2.44%
9	테슬라(TSLA)	2.03%
10	버크셔 해서웨이 CLASS B(BRK.B)	1.46%

SPY 상위 10개 종목

[SPY ETF 연평균 수익률과 차트]

SPY 연평균 수익률	
3년	20.55%
5년	13.77%
7년	15.92%
10년	15.78%
2001년부터	10.55%

이 차트를 보면 2009년 글로벌 금융 위기 이후 최저점에서 시작해 2025년 말 최고점에 이르기까지 S&P500의 장기적인 성장을 고스란히 알 수 있습니다.

실전 시뮬레이션: 1억 원의 집중투자와 월 50만 원 적립

이제 복리 계산기를 통해 시뮬레이션해보겠습니다. 세팅 금액은 집중투자 금액 1억 원, 적립식 투자금 50만 원으로 설정하고, 연복리 수익률 11.5%에 기간은 20년으로 설정해보겠습니다.

초기 집중투자 자금 1억 원을 먼저 거치하고 매월 50만 원씩 꾸준히 적립했을 때, 10년 차가 되는 시점의 누적 총수익은 이미 2억 4,469만 원에 이릅니다. 그리고 복리의 가속도가 본격적으로 폭발하는 20년 차에 도달하면, 투입된 총원금 2억

[집중투자 및 월 50만 원 적립식 투자 20년 복리 시뮬레이션]

세팅 값	월 50만 원 적립식		결괏값	
집중투자 금액	1억 원		총수익	1,091,595,499원
연복리 수익률	11.5%		총투자금액	219,500,000원
기간	20년		최종 금액	1,311,095,499원

◉ 년 ○ 월

년	원금 (₩)	수익 (₩)	최종 금액 (₩)
1	105,500,000	+11,816,250	117,316,250
2	123,316,250	+13,865,119	137,181,369
3	143,181,369	+16,149,607	159,330,976
4	165,330,976	+18,696,812	184,027,788
5	190,027,788	+21,536,946	211,564,734
6	217,564,734	+24,703,694	242,268,429
7	248,268,429	+28,234,619	276,503,048
8	282,503,048	+32,171,600	314,674,648
9	320,674,648	+36,561,335	357,235,983
10	363,235,983	+41,455,888	404,691,871
11	410,691,871	+46,913,315	457,605,186
12	**463,605,186**	**+52,998,346**	**516,603,532**
13	522,603,532	+59,783,156	582,386,689
14	588,386,689	+67,348,219	655,734,908
15	661,734,908	+75,783,264	737,518,172
16	743,518,172	+85,188,340	828,706,512
17	834,706,512	+95,674,999	930,381,511
18	936,381,511	+107,367,624	1,043,749,135
19	1,049,749,135	+120,404,900	1,170,154,035
20	1,176,154,035	+134,941,464	1,311,095,499

2,000만 원을 제외하고도 순수익만 무려 10억 9,100만 원을 훌쩍 넘기게 되죠. 결과적으로 20년 뒤에는 13억 1,100만 원이라는 자산이 모입니다. 종잣돈을 활용한 집중투자와 장기 복리가 만났을 때 자산이 얼마나 기하급수적으로 팽창하는지 확실히

알 수 있죠.

연 1.5% 차이가 만든 3억 원의 격차

다우지수를 추종하는 DIA와 S&P500 지수를 추종하는 SPY를 비교해보면 흥미로운 결과가 나타납니다. DIA는 연평균 약 10%, SPY는 약 11.5%의 수익률을 유지하고 있습니다. 겨우 연평균 1.5%의 차이라고 생각할 수 있지만, 20년이라는 장기 복리 투자의 시간을 대입하면 차이가 큽니다. 총투자 금액은 동일하지만, 20년 뒤 두 계좌의 잔고는 무려 3억 원가량 차이를 보이니까요. 이것이 단 1%의 수익률이라도 더 높이기 위해 공부해야 하는 이유입니다.

메가 트렌드 투자 공식:
미래 기술주의 심장, QQQ ETF

주식투자에 입문하는 분들이 가장 많이 듣는 질문이 있습니다. "너 아직도 QQQ 안 해?" 지인들의 은연중 한마디에 시작하게 될 만큼, QQQ(Invesco NASDAQ 100 Trust)는 명실상부한 투자의 아이콘이 되었습니다. 도대체 QQQ가 왜 이토록 뜨거운 투자처인지 파헤쳐 보겠습니다.

1999년 3월에 출시된 QQQ는 미국 나스닥에 상장된 기업 중 금융주를 제외한 상위 100개 종목을 담은 ETF입니다. 운용사 인베스코(Invesco)가 관리하며, IT와 헬스케어 등 혁신 성장에 올인하는 전형적인 성장주 ETF의 표본이죠. 애플, 마이크로소프트, 엔비디아, 아마존, 알파벳(구글) 등 전 세계의 일상을 지배하는 빅테크 기업들이 QQQ 바구니에 모두 담겨 있습니다. 주요 섹터는 기술(52.7%), 통신 서비스(17%), 소비자 순환재(12%) 등으로 구성되며, 최근에는 AI와 클라우드 컴퓨팅 같은 미래 트렌드가 성장을 견인하고 있습니다.

과거의 해자를 넘어, 미래의 혁신으로

QQQ의 가장 큰 매력은 우리가 꿈꾸는 기술 집약적 미래를 가장 정확하게 반영한다는 점입니다. 과거에는 '경제적 해자'가 견고한 DIA나 배당 성장이 매력적인 SCHD가 인기였지만, 이제 투자의 흐름은 단연 기술 성장성이 압도적인 QQQ로 옮겨왔습니다.

나스닥은 특히 경기 성장기에 그 어떤 지수보다 폭발적인 화력을 보여주는데요. 지난 10년 동안 빅테크 기업들이 일궈낸 엄청난 기술적 진보가 고스란히 나스닥의 우상향으로 연결되었죠. 물론 시련도 있었습니다. 2000년대 초반 '닷컴 버블'의 유례없는 폭락을 겪으며 상장 이후 장기 연평균 수익률이 10.41%로 SPY에 다소 못 미치는 것처럼 보이기도 했죠. 하지만 위기를 극복하고 본격적인 기술주 전성시대에 진입한 최근 10년의 누적 수익률은 무려 491%에 달합니다. 시장 평균을 압도하는 수치죠.

[QQQ ETF 개요]

운용사	Invesco
설정일	1999.03.10
기초지수	NASDAQ 100 TR USD
시가총액	403,172.7M
운용보수	0.18%
배당금	0.46%
배당 횟수	분기 배당(4번)

[QQQ ETF 대표구성 종목 및 투자 비율]

	QQQ ETF 구성 종목	투자 비율
1	엔비디아(NVDA)	8.75%
2	애플(AAPL)	7.12%
3	마이크로소프트(MSFT)	6.73%
4	아마존닷컴(AMZN)	4.88%
5	메타 플랫폼스(META)	3.69%
6	알파벳 Class A(GOOGL)	3.68%
7	테슬라(TSLA)	3.59%
8	알파벳C(GOOG)	3.42%
9	월마트(WMT)	2.96%
10	브로드컴(AVGO)	2.96%

QQQ 상위 10개 종목

[QQQ ETF 연평균 수익률과 차트]

QQQ 연평균 수익률	
3년	19.65%
5년	15.27%
7년	21.56%
10년	20.42%
1999년부터	10.41%

출처 : 키움증권 MTS

QQQ의 상승 궤적을 보여주는 이 차트를 보면, 2011년 최저점 이후 가파른 상승 추세를 탔음을 알 수 있습니다. 중간중간 2022년과 같은 매서운 하락장도 존재했지만, 더 길게 보면 더 높이 뛰어오르기 위한 발판에 불과했죠.

향후 10년은 양자 컴퓨터, AR 글라스, 우주항공, 자율주행 등 나스닥 지수를 폭발적으로 상승시킬 미래 기술들이 대기하고 있습니다. 장기 우상향이 이보다 뚜렷하게 예상되는 투자처는 없죠. 게다가 QQQ ETF는 포트폴리오 재조정을 통해 부실 기업을 퇴출하고 새로운 강자로 채워 넣으며 개별 기업의 파산 리스크를 '0'에 수렴시킵니다. '어떤 기업이 살아남을까?'를 고민할 필요가 없는 거죠.

실전 시뮬레이션: 1억 원의 집중투자와 월 50만 원 적립

이번 시뮬레이션에서는 QQQ의 장기 역사적 평균 수익률인 10%와 최근 10년 평균 수익률인 20%의 중간값인 '연평균 15%'를 적용해보겠습니다.

ETF 불패의 법칙

[집중투자 및 월 50만 원 적립식 투자 20년 복리 시뮬레이션]

세팅 값	월 50만 원 적립식	결괏값	
집중투자 금액	1억 원	총수익	2,073,573,213
연복리 수익률	15%	총투자금액	219,500,000
기간	20년	최종 금액	2,293,073,213

◉ 년　○ 월

년	원금 (₩)	수익 (₩)	최종 금액 (₩)
1	105,500,000	+15,412,500	120,912,500
2	126,912,500	+18,624,375	145,536,875
3	151,536,875	+22,318,031	173,854,906
4	179,854,906	+26,565,736	206,420,642
5	212,420,642	+31,450,596	243,871,239
6	249,871,239	+37,068,186	286,939,424
7	292,939,424	+43,528,414	336,467,838
8	342,467,838	+50,957,676	393,425,514
9	399,425,514	+59,501,327	458,926,841
10	464,926,841	+69,326,526	534,253,367
11	540,253,367	+80,625,505	620,878,872
12	**626,878,872**	**+93,619,331**	**720,498,203**
13	726,498,203	+108,562,230	835,060,433
14	841,060,433	+125,746,565	966,806,998
15	972,806,998	+145,508,550	1,118,315,548
16	1,124,315,548	+168,234,832	1,292,550,380
17	1,298,550,380	+194,370,057	1,492,920,437
18	1,498,920,437	+224,425,565	1,723,346,002
19	1,729,346,002	+258,989,400	1,988,335,402
20	1,994,335,402	+298,737,810	2,293,073,213

　　초기 집중투자 자금 1억 원을 먼저 거치하고 매월 50만 원씩 꾸준히 적립했을 때, 10년 차가 되는 시점의 최종 자산은 약 5억 3,425만 원으로, 투입된 원금 1억 6,000만 원을 제외한 누적 총수익은 이미 3억 7,425만 원에 이릅니다. 그리고 기술주

의 폭발적인 성장이 복리와 맞물려 진가를 발휘하는 20년 차
에는 투입된 총 원금 2억 2,000만 원을 제외하고도 순수익만
무려 20억 7,300만 원에 달하죠. 최종 자산은 22억 9,300만 원
입니다.

물론 이는 기술주의 고성장을 전제로 한 다분히 긍정적인
시뮬레이션일 수 있습니다. 하지만 분명한 사실은, 앞으로의
세상은 전통적인 산업군이 아닌 혁신적인 미래 기술이 지배할
것이라는 점이죠. 자본은 언제나 성장이 가장 가파른 곳으로
흐르기 마련입니다.

ETF

4부

미래 기술의 심장, 반도체 ETF 완전정복

집중투자 1억,
월 50만 원으로
만드는 10억 플랜

단 하나의 압도적 투자 공식:
정답은 무조건 반도체 ETF

1987년, 영화 〈백 투 더 퓨처〉가 개봉했을 때 사람들은 스크린 속 드론, 영상 통화, 자동으로 끈이 묶이는 신발을 보며 막연한 미래를 꿈꿨습니다. 그로부터 약 40년이 흐른 지금, 영화 속 상상은 대부분 현실이 되었죠. 그리고 미래 기술의 성장 속도는 배수로 빨라지고 있습니다.

왜 우리는 미래 기술을 알면서도 부자가 되지 못할까?

AI, 자율주행, 우주항공이 미래를 이끌 유망 산업이라는 사실은 누구나 알고 있습니다. 하지만 정작 이 위대한 기술 혁신에 투자해 큰 부를 이룬 사람을 주변에서 찾아보기 쉽지 않죠.

이유가 뭘까요?

가장 큰 원인은 '수익화의 시차'에 있습니다. 혁신적인 기술이 세상에 등장해 상용화 단계를 거쳐 실제 막대한 수익으로 연결되기까지는 기나긴 시간이 필요하지만, 대부분의 투자자는 그 지루한 과정을 끝까지 견뎌내지 못하죠.

여기에 '개별 기업의 생존 위기'라는 치명적인 리스크가 더해지면 수익을 얻기는 더 힘들어집니다. 기술 발전 속도가 워낙 빠르다 보니, 지금 확신을 갖고 선택한 기업이라 해도 당장 10년 뒤까지는 장담할 수 없죠.

불확실한 수익화 시점과 개별 종목 리스크, 기술의 빠른 변화까지, 다 고려해 ETF를 고르자니 머리가 지끈지끈 아파 오는데요. 제가 수많은 미래 기술 ETF를 분석해낸 결론은 이것입니다. 바로 모든 미래 기술은 결국 '반도체'로 귀결된다는 것이죠.

모든 미래 기술은 결국 '반도체'로 귀결된다

자율주행차도, AI 로봇도, 우주항공 기술도 결국 방대한 데이터를 끊임없이 연산하고 처리할 '반도체'가 없다면 단순한 고철 덩어리에 불과합니다. 과거 캘리포니아 골드러시 시대에 진짜 큰돈을 번 사람들은 일확천금을 노린 광부들이 아니라,

그들에게 곡괭이와 청바지를 팔았던 상인들이었습니다. 오늘날의 AI 혁명이라는 거대한 골드러시에서 가장 튼튼하고 확실한 곡괭이는 단연 반도체입니다.

실제로 우리가 화려한 이름에 끌려 매수하는 AI ETF, 로봇 ETF, 자율주행 ETF 등 수많은 테마형 상품의 뚜껑을 열어보면, 가장 높은 비중을 차지하며 실질적인 수익을 견인하는 핵심은 언제나 반도체 설계와 생산, 장비를 담당하는 기업들이죠. 반도체야말로 미래 기술이라는 거대한 성벽을 쌓아 올리는 가장 근본적인 '벽돌'이자, 한 치 앞을 알 수 없는 기술 혁신 경쟁에서 승률을 안겨줄 가장 확실한 마스터키입니다.

[모든 미래 기술의 핵심 '반도체']

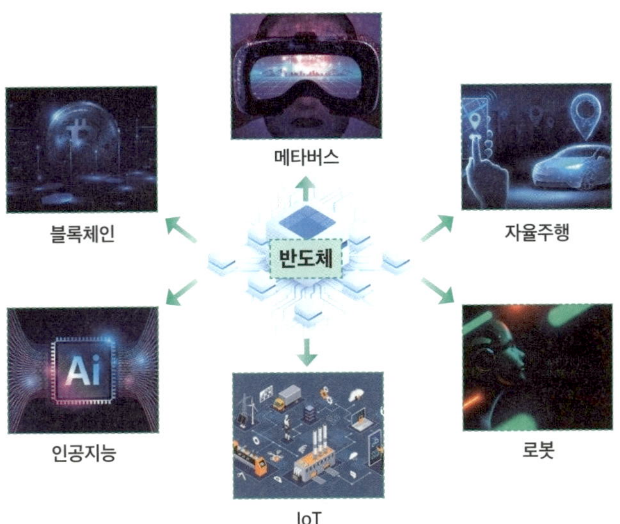

데이터가 증명하는 미래:
2,000조 원 시장에 베팅하라

이제 투자자로서 반도체 시장의 장기 성장성을 확인해봐야 합
니다.

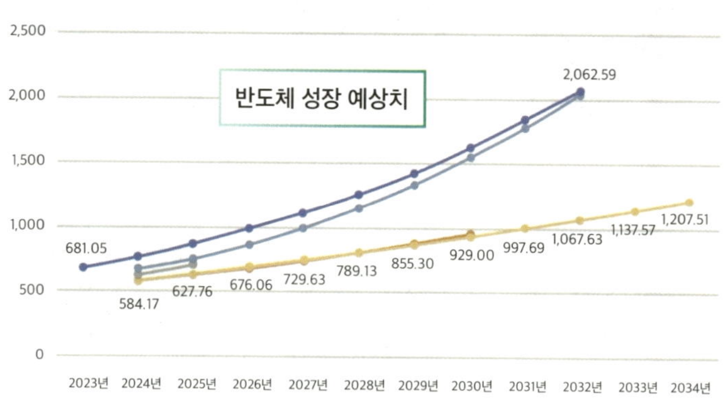

이 차트는 포춘 비즈니스 인사이트(Fortune Business Insights)를 비롯한 5개 글로벌 리서치 기관의 '전 세계 반도체 시장 성장 예상치'입니다. 기관마다 예측치의 높낮이는 다르지만, 모두 한목소리로 반도체 시장의 가파른 우상향을 예측하고 있죠.

이 중 가장 눈에 띄는 것은 비즈니스 리서치 인사이트(Business Research Insights)의 공격적인 예측입니다. 전 세계 반도체 시장이 당장 2026년에 1조 달러의 문턱을 돌파하고, 2032년에 이르러서는 무려 2조 625억 달러(약 2,700조 원)에 달할 거라 보고 있죠. 다른 기관들의 보수적인 수치를 보더라도 2034년까지 매년 10% 내외의 흔들림 없는 고속 성장이 담보되어 있습니다. 결국 어느 기관의 예측표를 보더라도 반도체는 앞으로 가장 크고 확실하게 팽창할 절대적인 투자처라는 걸 알 수 있습니다.

10년 평균 30% 수익률,
SOXX 반도체 ETF의 힘

저는 반도체를 '미래 기술의 푸른 피'라고 부릅니다. 하지만 하루가 다르게 급변하는 시장에서 반도체를 필요로 하는 개별 기업을 일일이 분석하고 최후의 승자를 예측하는 것은 불가능에 가깝습니다. 당장 2025년 초의 상황만 보더라도, 절대 무너지지 않을 것 같던 삼성전자의 주가가 4만 원대까지 추락한 반면, SK하이닉스는 보란 듯이 승승장구했습니다.

개별 종목에 모든 것을 건 투자자는 때로 극심한 위기를 맞을 수 있지만, 이런 변동성 속에서도 반도체 ETF 투자자들은 평온을 유지할 수 있습니다. 엔비디아, AMD, 브로드컴 등 글로벌 시장을 호령하는 30개의 굴지 기업들을 하나의 바구니에 담아, 개별 기업이 직면할 수 있는 생존 리스크를 시스템적으로 완벽히 제거했기 때문이죠. 게다가 극심한 변동성을 오히려 수익으로 치환해내는 '실패하지 않는 투자 공식 6단계'를 접목하면 더욱 흔들림 없이 자산을 불려나갈 수 있습니다.

SOXX ETF로 변동성을 수익으로 바꾸는 법

그렇다면 이제 남은 고민은 '어떤 반도체 ETF를 고를 것인가'입니다. 미국 반도체 시장을 대표하는 SOXX(iShares Semiconductor ETF)는 세계 최대 운용사인 블랙록(BlackRock)이 운용하며, 미국에 상장된 핵심 반도체 우량주 30개 종목에 집중적으로 투자합니다.

약 205억 달러에 달하는 막대한 자산 규모를 자랑할 만큼 전 세계 투자자들의 굳건한 신뢰를 받고 있죠. 운용 보수는 0.34%로 책정되어 있는데, 압도적인 기대 성장률을 감안하면 투자자 입장에서 충분히 합리적인 수준입니다.

무엇보다 SOXX가 가진 흥미로운 특징은 일반적인 시장 지수보다 약 3개월가량 선행해 움직인다는 점입니다. 산업의 거대한 변화를 남들보다 한발 앞서 파악하고 유연하게 대응할 수 있죠.

하지만 SOXX에 투자하기 위해서는 반드시 받아들여야 할 핵심 전제가 하나 있습니다. 바로 '극심한 변동성을 수용하

는 것'이죠. 연도별 수익률을 살펴보면 2021년 44.70%, 2022년
-36.97%, 2023년에는 다시 62.68%라는 롤러코스터 같은 극적
인 등락을 보여주는데요. 뚜렷한 철학 없이 뛰어들었다간 고점
에서 물리고 저점에서 손절하는 최악의 결과를 맞기 십상이죠.

먼저, SOXX ETF에 대해 알아보겠습니다.

[SOXX ETF 개요]

운용사	iShares
설정일	2001.07.10
기초지수	MUCI USA NR USD
시가총액	21,735.9M
운용보수	0.34%
배당금	0.49%
배당 횟수	분기 배당(4번)

[SOXX ETF 대표구성 종목 및 투자 비율]

	SOXX ETF 구성 종목	투자 비율
1	마이크론 테크놀로지(MU)	8.88%
2	AMD	7.58%
3	엔비디아(NVDA)	7.11%

ETF 불패의 법칙

4	응용재료(AMAT)	6.52%
5	브로드컴(AVGO)	5.37%
6	램 리서치(LRCX)	5.2%
7	KLA(KLAC)	4.69%
8	텍사스 인스트루먼츠(TXN)	4.26%
9	ASML 홀딩(ASML)	4.22%
10	모놀리식 파워 시스템(MPWR)	4.17%

SOXX 상위 10개 종목

SOXX는 기본적으로 시가총액 1억 달러 이상, 최근 6개월 간 일평균 거래대금 150만 달러 이상이라는 엄격한 최소 조건을 통과한 기업들만 후보군에 올립니다. 이 험난한 관문을 통과한 기업 중에서도 다시 덩치가 가장 큰 상위 30개 우량 종목만을 엄선해, 시가총액 크기에 비례해 투자 비중을 배분하죠.

또한 기술의 발전 속도가 어느 곳보다 빠른 반도체 시장의 변화를 놓치지 않기 위해 철저한 재조정(리밸런싱) 시스템을 가동합니다. 매년 9월마다 포트폴리오에 편입할 30개의 최정예 종목을 새롭게 물갈이하고, 3월과 6월, 9월, 12월 등 분기마다 꼬박꼬박 각 기업의 시가총액 변동에 맞춰 편입 비중을 정밀하게 재설정하죠. 내가 직접 차트를 보며 밤새워 고민하지 않아도, 세계 최고의 운용사가 알아서 가장 경쟁력 있는 반도체 기업들로만 바구니를 꽉 채워주는 셈입니다.

[SOXX ETF 연평균 수익률과 차트]

SOXX 연평균 수익률	
3년	38.89%
5년	22.55%
7년	30.44%
10년	30.03%
2001년부터	12.35%

출처 : 키움증권 MTS

    ETF 불패의 법칙

이 차트는 SOXX ETF가 지난 10여 년간 얼마나 폭발적으로 성장해왔는지 한눈에 보여줍니다. 2012년 최저점 이후 2026년 최고점에 이르기까지, 붉은색 추세선을 따라 쉼 없이 우상향해왔죠. 2022년처럼 깊게 파인 하락장도 있었지만, 긴 시계열로 본다면 이 공포의 구간조차 더 큰 성장을 위한 일시적인 숨 고르기에 불과했음을 알 수 있습니다.

실전 시뮬레이션: 1억 원의 집중투자와 월 50만 원 적립

이제 본격적으로 SOXX ETF의 잠재력을 숫자로 확인해 보겠습니다. SOXX의 장기 평균 수익률은 12.35%이지만, 본격적인 AI 혁명이 시작된 최근 10년 평균 수익률은 무려 30%에 달합니다. 그래서 미래에 대한 합리적인 기대감을 반영해 장기 평균값과 최근 성장치의 중간값인 연평균 수익률 21%를 설정값으로 잡았습니다. 기술의 빠른 변화 속도와 향후 등장할지 모를 대체 기술에 대한 경계심을 담아, 기간은 QQQ보다 짧은 10년으로 세팅했습니다.

[집중투자 및 월 50만 원 적립식 투자 10년 복리 시뮬레이션]

세팅 값	월 50만 원 적립식	결괏값	
집중투자 금액	1억 원	총수익	692,143,475
연복리 수익률	21%	총투자금액	159,500,000
기간	10년	최종 금액	851,643,475

● 년 ○ 월

년	원금 (₩)	수익 (₩)	최종 금액 (₩)
1	105,500,000	+21,577,500	127,077,500
2	133,077,500	+27,368,775	160,446,275
3	166,446,275	+34,376,218	200,822,493
4	206,822,493	+42,855,223	249,677,716
5	255,677,716	+53,114,820	308,792,537
6	314,792,537	+65,528,933	380,321,469
7	386,321,469	+80,550,009	466,871,478
8	472,871,478	+98,725,510	571,596,988
9	577,596,988	+120,717,868	698,314,856
10	704,314,856	+147,328,620	851,643,475

초기 집중투자 자금 1억 원을 먼저 거치하고 매월 50만 원씩 꾸준히 적립했을 때, 10년 차가 되는 시점의 최종 자산은 약 8억 5,160만 원에 이릅니다. 투입된 총원금을 제외하고 거둬들인 순수익만 이미 6억 9,200만 원을 돌파한 것이죠. 이러한 추세대로라면 20년 뒤에는 최종 자산 59억 원에 이릅니다. 공격적인 성향의 투자자라면 변동성이 큰 개별주식을 찾아 헤매기보다, 모든 미래 기술의 정수인 반도체를 한 바구니에 담은 SOXX가 훨씬 현명한 대안임을 알 것입니다. SOXX라면 기대 수익률 21%도 충분히 기대해볼 만하죠.

10년 평균 50% 수익률,
USD 반도체 레버리지 ETF의 힘

반도체 레버리지 ETF인 USD를 파헤치기 전, 먼저 '반도체 슈퍼 사이클(Super Cycle)'의 역사를 이해해야 합니다. 슈퍼 사이클이란 기술 혁신의 주기와 맞물려 반도체 수요가 폭발적으로 급증하며 장기 호황을 누리는 시기를 말합니다.

- 슈퍼 사이클 1기(1990년대 중반): 개인용 컴퓨터(PC)의 보급과 인터넷 탄생에 대한 기대감이 극에 달했던 '닷컴 버블' 시기입니다.

- 슈퍼 사이클 2기(2000년대 중반): 버블이 걷힌 후 인터넷이 대중화되고 본격적인 서버 투자가 활발해지며 다시 한번 장기 호황을 맞이한 시기입니다.

- 슈퍼 사이클 3기(2010년대 초반): 2008년 금융위기의 파고를 넘어서자 인류 역사상 최고의 혁신이라 불리는 '애플의 스마트폰'이 등장했습니다. 이는 미국 증시 역사상 최장기간 상승 랠리를 주도하며 반도체 성장의 황금기를 열었죠.
- 슈퍼 사이클 4기(2017년~현재): 6G, 사물인터넷(IoT), 그리고 지금 우리가 목격하고 있는 AI 혁명의 시기입니다.

반도체 슈퍼사이클은 대체로 세 가지 요인이 맞물릴 때 나타나는데요. 먼저 인공지능, 스마트폰, 자율주행처럼 시대의 패러다임을 바꾸는 혁신 기술이 등장하면 반도체 수요가 급격히 늘어납니다. 여기에 자연재해나 지정학적 변수로 공급망에 차질이 생기면 수급 불균형은 더욱 심해지죠. 특히 기술이 예상보다 빠르게 확산되며 수요가 전망치를 뛰어넘을 경우에는, 반도체 시장이 한층 더 가파른 상승 국면에 들어서게 됩니다.

[2010년도 이후 반도체 슈퍼 사이클]

2012년	스마트폰 보급
2016년	인터넷 사업 확장(서버, 데이터 센터)
2020년	PC, 노트북, 휴대전화 수요 증가
2023년 1월부터~ 현재	AI 시장 성장

10년 평균 50% 수익률의 괴물, USD ETF

이토록 강력한 우상향이 보장된 섹터라면, 조금 더 공격적인 전략을 취해볼 만한데요. 이때 추천하는 ETF가 바로 반도체 2배 레버리지 USD(ProShares Ultra Semiconductors)입니다.

2007년 상장 이후 미국 반도체 업종을 대표하는 레버리지 상품으로 자리 잡은 USD는 엔비디아, 브로드컴, AMD 등 글로벌 챔피언 기업들을 공격적으로 편입해 수익을 극대화해왔습니다. 특히 지난 10년간 반도체 산업의 폭발적인 성장으로 USD ETF의 수익률은 연평균 무려 50%에 육박했죠.

[반도체 레버리지 ETF USD 개요]

운용사	Pro Shares
설정일	2007.01.30
기초지수	Dow Jones U.S Semiconductors Index
시가총액	1,782,8M
운용보수	0.95%
배당금	0.36%
배당 횟수	분기 배당(4번)

반도체 레버리지 ETF USD는 Dow Jones U.S. Semiconductors Index의 일일 수익률을 2배로 추종합니다. 투자 대상은 미국 시장에 상장된 반도체 섹터 기업들이며, 이러한 레버리지 구조를 유지하기 위해 매일 포트폴리오 편입 비중을 조정하죠.

[반도체 레버리지 ETF USD 대표구성 종목 및 투자 비율]

	USD ETF 구성 종목	투자 비율
1	IQMM	43.19%
2	엔비디아(NVDA)	26.69%
3	브로드컴(AVGO)	9.08%
4	마이크론 테크놀로지(MU)	3.16%
5	AMD	1.98%
6	램 리서치(LRCX)	1.72%
7	어플라이드 머티어리얼즈(AMAT)	1.69%
8	인텔(INCT)	1.23%
9	KLAC	1.19%
10	텍사스 인스트루먼트(TXN)	1.06%

[반도체 레버리지 ETF USD 과거 수익률 및 차트]

연도	USD 2X 수익률
2015	-6.8%
2016	75.52%
2017	93.38%
2018	-24.47%
2019	112.30%
2020	63.15%
2021	106.79%
2022	-70.59%
2023	216.43%
2024	156.12%
2025	56.28%

연도	USD 2X 수익률
최대	26.76%
10년	56.14%
7년	57.81%
5년	50.91%
3년	110.92%

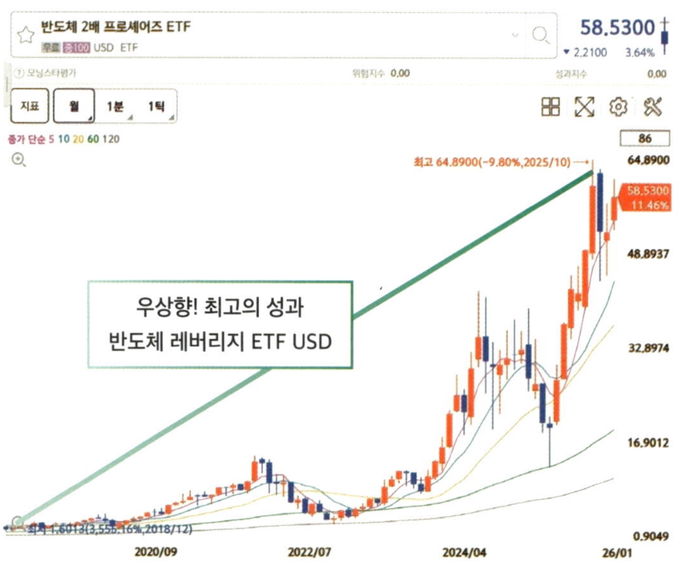

출처 : 키움증권 MTS

이 차트를 보면 반도체 슈퍼 사이클 호황 시기에는 높은 수익률을 보이고 슈퍼 사이클이 끝나면 1년 정도 마이너스 수익률이 발생하고 있다는 걸 알 수 있습니다. 이 부분은 분할매수와 집중투자를 통해 이겨낼 수 있는 부분이죠. 과거 10년간 반도체 레버리지 ETF USD의 연평균 수익률은 56%였고, 2007년부터 평균 수익률은 26.7%였습니다. SOXX와 마찬가지로 미래 기대 수익률을 반영해 과거 데이터와 최근 10년 데이터를 합산해 2로 나누면 평균 41%의 수익률이 나오죠.

그럼 집중투자 금액 1억, 복리 수익률 41%, 복리 기간 10년을 넣어 시뮬레이션해보겠습니다.

실전 시뮬레이션: 1억 원의 집중투자와 월 50만 원 적립

[집중투자 및 월 50만 원 적립식 투자 10년 복리 시뮬레이션]

세팅 값	월 50만 원 적립식	결괏값	
집중투자 금액	1억 원	총수익	3,468,480,762
연복리 수익률	41%	총투자금액	159,500,000
기간	10년	최종 금액	3,627,980,762

●년 ○월

년	원금 (₩)	수익 (₩)	최종 금액 (₩)
1	105,500,000	+42,127,500	147,627,500
2	153,627,500	+61,859,775	215,487,275
3	221,487,275	+89,682,283	311,169,558
4	317,169,558	+128,912,019	446,081,576
5	452,081,576	+184,225,946	636,307,523
6	642,307,523	+262,218,584	904,526,107
7	910,526,107	+372,188,204	1,282,714,311
8	1,288,714,311	+527,245,368	1,815,959,679
9	1,821,959,679	+745,875,968	2,567,835,647
10	2,573,835,647	+1,054,145,115	3,627,980,762

반도체 2배 레버리지 ETF는 원금의 2배를 투자하는 것과 같은 폭발력을 지닙니다. 1배수 상품인 SOXX의 연 21% 수익률도 훌륭하지만, 2배수 상품인 USD ETF가 만들어내는 연 41%의 복리 수익은 상상을 초월하죠. 시뮬레이션해보니 총투자금 1억 5,900만 원을 10년간 운용했을 때 자산이 무려 36억 2,000만 원으로 불어났죠.

그럼에도 주의해야 하는 양날의 검인 '레버리지'

레버리지는 반도체처럼 명확한 기술적 혁신이 뒷받침되는 섹터에서는 자산 증식의 '치트키'가 되기도 하지만, 사실 양날의 검입니다. 먼저 레버리지가 위험한 이유는 '변동성 끌림' 때문입니다.

다음의 자료를 보겠습니다. 1배 추종 상품과 2배 추종 상품에 각각 변동성 10%, 상승 10%, 하락 10%를 적용해 이를 네 번 반복해보면, 1배 상품은 오를 때 110이 됐다가 다시 하락하면 제자리인 100으로 돌아옵니다. 반면 2배 레버리지 상품은 10% 상승 시 120이 되지만, 이후 다시 10% 하락하면 변동성 끌림 때문에 98에 도달합니다. 이런 흐름이 네 번 반복되면 처음보다 약 7% 하락하게 되죠. 결국 변동성이 큰 자산에 레버리지를 얹어 장기 투자할 경우, 끌림 현상만으로도 손실이 쌓일 수 있습니다. 3배 레버리지 ETF라면 그 위험은 더욱 커질 수밖에 없고요.

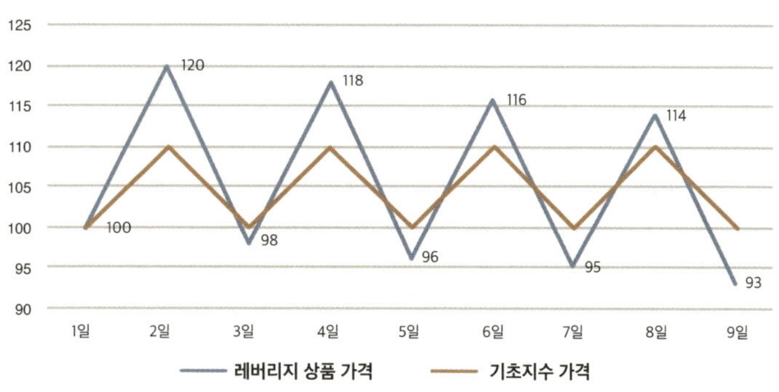

[레버리지 상품의 변동성 끌림 현상]

따라서 경제 공부 없이 과도한 레버리지를 쓰는 것은 큰 손실로 이어질 수 있어 매우 위험합니다. 개별 종목의 미수나 신용거래도 위험하지만, 특히 3배 레버리지 ETF는 시장이 급변할 때 제때 대응하지 못할 경우 자산이 순식간에 0에 가까워질 수 있는 치명적인 상품이죠.

개인투자자들의 이른바 '빚투' 수요를 겨냥해 지수의 2배, 3배 수익률을 추종하는 레버리지·인버스 상품이 대거 출시되고 있고, 거래량도 적지 않은데요.

대표적인 사례가 나스닥100 지수를 3배로 추종하는 미국의 TQQQ(ProShares UltraPro QQQ)입니다. 지수가 30% 오르면 90%의 수익을 기대할 수 있지만, 반대로 30% 하락하면 -90%의 손실을 감수해야 하죠. 최악의 경우 지수가 33% 이상 급락하면 원금은 사실상 0에 가까워집니다. 이처럼 레버리지는 수익을 극대화할 수 있는 만큼, 반대 방향에서는 자본금을 통째로 잃게 만들 수도 있는 위험한 도구입니다.

3배수 반도체 레버리지 ETF는 변동성이 극심해 차트에서 보듯 우리가 배운 '우상향 공식'이 그대로 적용되지 않습니다. 앞서 공부한 반도체 장기 호황에 대한 확고한 이해 없이 뛰어들거나, '분할매수와 집중투자' 원칙을 지키지 않을 경우 큰 손실을 볼 수 있습니다.

레버리지 상품 투자 시 지켜야 할 원칙

[3배 반도체 레버리지 ETF SOXL 차트]

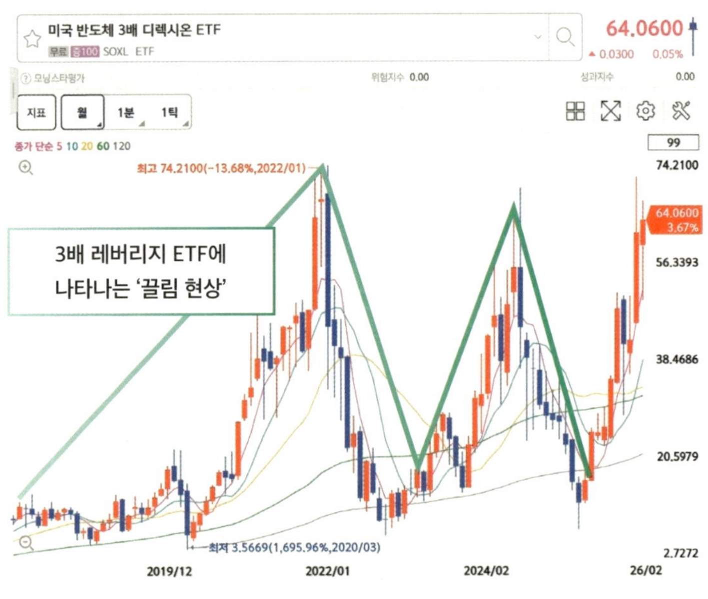

출처 : 키움증권 MTS

그래서 레버리지 상품에 투자할 시에는 다음과 같은 원칙을 지켜야 합니다. 먼저 투자 비중을 철저하게 조절해야 합니다. 2022년 사례처럼 반도체 사이클 하락기에는 장중 -70%에 가까운 하락이 발생하기도 합니다. 따라서 자산 전체가 아닌, 전체 포트폴리오의 30% 내외에서 운용하며 변동성을 통제해야 합니다.

또 섣불리 3배 레버리지 상품에 투자하지 말아야 합니다. 3배 상품은 하락 시 회복 탄력성이 현저히 떨어져 장기 우상향의 논리가 깨지기 쉽기 때문이죠. 안정적인 장기 우상향의 복리를 누리기 위해서는 2배 레버리지인 USD가 훨씬 현명한 선택입니다.

리스크 방어 공식:
수익은 높이고 위험은 줄이는
'70:30' 황금 분할

앞서 두 가지 시뮬레이션을 통해 복리의 마법을 확인했습니다. 동일하게 1억 원을 집중투자하고 월 50만 원을 투자했을 때, 10년 뒤의 성적표는 극명하게 갈리는데요. 1배수 ETF인 SOXX에 투자해 연복리 21%를 적용받았을 때의 최종 자산은 약 8억 5,000만 원인 반면, 2배수 레버리지인 USD에 투자해 연복리 41%의 상승을 누렸을 때의 최종 자산은 무려 36억 원에 달합니다. 이처럼 레버리지가 복리 수익률과 결합하면 엄청난 시너지가 발생하죠.

하지만 이 달콤하고 높은 수익률 이면의 극심한 변동성을 감당하려면 최적의 비율이 적용되어야 합니다. 제가 제안하는 해답은 '70:30 투자 포트폴리오'입니다.

안정성과 수익성을 동시에 잡는 '황금 비율'

전체 반도체 투자 자산 중 70%를 1배수 ETF(SOXX)에 배분하고, 나머지 30%를 2배 레버리지(USD)에 할당하는 것이 핵심입니다.

- 70%(안정성의 축): SOXX를 통해 반도체 시장의 장기 우상향을 안정적으로 추종
- 30%(수익률의 엔진): USD를 통해 슈퍼 사이클의 상승분을 2배로 흡수하며 자산 규모를 확장

그리고 '실패하지 않는 투자 공식 6단계'를 그대로 적용하는 거죠. 예를 들어 매달 100만 원을 투자한다면, 70만 원은 SOXX에, 30만 원은 USD에 기계적으로 '분할매수'하는 겁니다.

이 70:30 법칙은 공격적인 성향을 가진 투자자에게 적합한 포트폴리오로, 시장의 급변동 속에서는 SOXX가 든든한 버팀목이 되어주고, 불장에서는 USD가 앞장서서 자산을 불려줄 것입니다. 안정성과 수익성, 그 어느 하나도 놓치고 싶지 않은 투자자라면 반드시 기억해야 할 '필승 공식'이죠.

ETF

5부

배당금, 퇴직금으로 우상향 포트폴리오 만들기

배당만으로 월 500만 원 은퇴자금 설계하기

평생 마르지 않는 월 500만 원 현금 파이프라인 구축법

100억 대 자산가인 친구는 제가 퇴사를 고민할 때 짧지만 강렬한 한마디를 던졌습니다. "네가 매달 받는 월급 600만 원은, 사실 20억 원짜리 건물을 관리해야 나오는 현금흐름이야. 그 가치를 잊지 마." 그 조언은 제 머릿속을 강하게 때렸죠.《돈의 속성》의 저자 김승호 회장 역시 고정적인 현금흐름의 중요성을 강조합니다. 불규칙한 1,000만 원보다 매달 꼬박꼬박 들어오는 500만 원이 자산을 통제하고 삶을 안정시키는 데 훨씬 강력한 힘을 발휘하기 때문입니다.

원금은 지키고, 배당은 키우는 '투 트랙(Two-Track)' 전략

따박따박 월급이 나오던 시절, 주식 계좌에 들어오는 배당금은 그저 여행 자금이나 외식비로 쓰는 소소한 '보너스'에 불과했습니다. 하지만 야생의 세계로 불리는 퇴사 이후의 삶, 즉 본격적인 은퇴의 영역으로 넘어가 보니 배당금은 용돈이 아니라 제 삶의 존엄을 지탱하는 강력한 버팀목이었죠.

인생 2막을 맞이하며 은퇴 시장으로 내몰린 수많은 이들이 무리하게 퇴직금을 털어 치킨집을 차리거나 위험한 투자에 뛰어드는 이유가 무엇일까요? 바로 '숨만 쉬어도 나가는 생활비'를 어떻게 충당할지에서 오는 불안감 때문입니다. 내 계좌에서 매월 500만 원, 아니 단돈 200~300만 원이라도 고정적으로 들어온다면 쫓기듯 잘못된 선택을 하지 않을 여유가 생기죠.

이제 이 책의 핵심 철학인 '원금의 우상향'을 결코 포기하지 않으면서도, 든든한 '월 500만 원 배당'을 창출해내는 현실적인 구조를 설계해보려 합니다. 내가 피땀 흘려 모은 원금은 미국 우량 지수와 함께 우상향하도록 만들고, 그 튼튼한 나무에서 주기적으로 열리는 배당금으로 생활하는 완벽한 '투 트랙(Two-Track) 전략'이죠.

이제 복리 계산기를 통해 어느 시점부터 배당금이 생계를 책임질 만큼 의미 있는 폭발력을 가지는지, 그리고 은퇴 자산을 어떻게 배치해야 돈이 나를 위해 일하도록 만들 수 있는지 증명해보겠습니다.

'우상향' 배당 ETF(SCHD)
vs '우하향' 고배당 ETF(JEPI)

시중에는 수많은 배당 관련 책들이 있고, 당장 은퇴할 수 있을 것처럼 유혹하는 '연 10% 이상의 고배당' 전략도 넘쳐납니다. 하지만 제가 직접 몸으로 부딪히며 깨달은 진실은 '원금이 깎여나가는 배당은 결코 우리를 자유롭게 할 수 없다'는 것입니다.

커버드콜의 함정: 내 살을 깎아 먹는 배당

JEPI나 여러 커버드콜 방식의 ETF들은 월 1%에 가까운 파격적인 배당을 줍니다. 1억 원을 넣으면 매달 100만 원이 들어오니 당장은 기분 좋을지도 모르죠. 하지만 시간이 지날수록 불안감이 엄습합니다. 커버드콜 구조상 상승장에서는 상방이 막혀 지수를 따라가지 못하고, 하락장에서는 원금이 함께 녹아내리기 때문이죠.

결국 배당금은 받지만 내 원금은 조금씩 사라지는 '제 살 깎아 먹기' 투자가 되기 십상입니다. 운용 보수 또한 비싸고, 장기적으로는 지수 수익률에 크게 뒤처지는 결과를 낳죠.

결국은 SCHD, 나무가 자라야 열매도 커진다

수많은 배당 투자자들이 돌고 돌아 결국 SCHD(Schwab US Dividend Equity ETF)로 돌아오는 데는 분명한 이유가 있습니다.

투 트랙 전략의 완벽한 파트너, SCHD

- 연평균 수익률: 약 13%(주가 상승분)
- 배당 수익률: 연 약 3.8%
- 특징: 다우지수 내에서 재무 구조가 탄탄하고 배당을 꾸준히 늘려온 기업들에 투자

SCHD의 진가는 당장의 배당률보다 '주가 우상향'과 '배당 성장'의 조화에 있습니다. 원금은 지수와 함께 연평균 13%씩 커지고, 그 원금이 커진 만큼 내가 받는 배당금의 절대 액수도

매년 늘어나죠.

당장은 배당금이 적어 아쉬울 수 있습니다. 하지만 복리 계산기로 20년을 시뮬레이션해보면 자산 규모는 눈덩이처럼 불어나 있고, 그 커진 자산에서 나오는 배당금은 우리가 목표로 하는 월 500만 원을 가볍게 달성하죠. 이것이 바로 우리가 추구하는 '원금은 살리고 배당은 키우는' 진정한 우상향 투자입니다.

그럼 대표적인 커버드콜 상품인 고배당 JEPI ETF와 SCHD ETF를 비교해보겠습니다.

[JEPI ETF 차트]

출처 : 키움증권 MTS

ETF 불패의 법칙

출처 : 키움증권 MTS

고배당의 달콤한 유혹에 빠져 투자자들이 흔히 저지르는 치명적인 실수가 바로 '내 원금이 녹아내리는 것'을 알아채지 못한다는 점인데요. 두 차트를 보면 알 수 있습니다.

첫 번째 JEPI ETF 차트를 보면, 2021년 최고점을 찍은 이후 5년간 우하향을 그리고 있습니다. 매달 두둑한 배당금을 받는 것 같지만, 사실 내 원금에서 살점을 조금씩 떼어내 배당으로 돌려받고 있었던 거죠.

반면 두 번째 SCHD ETF 차트는 2011년 이후 2026년 현재까지 숱한 위기를 넘기면서도 쉼 없이 우상향하는 것을 볼 수 있습니다. 당장의 배당률은 JEPI보다 낮아 보일지 몰라도, 펀더멘털이 훌륭한 우량 기업들이 결국 내 원금을 불려주고 있었던 거죠.

[기간별 SCHD와 JEPI 연평균 수익률 비교]

SCHD 연평균 수익률(분배율 3.8%)		JEPI 연평균 수익률(분배율 7.1%)	
1년	17.85%	1년	8.81%
3년	11.07%	3년	11.04%
5년	11.25%	5년	10.02%
최대	13.24%	최대	12.20%

이 표는 두 ETF의 수익률을 기간별로 정리한 것입니다. 눈앞에 보이는 분배율만 보면 JEPI(7.1%)가 SCHD(3.8%)보다 훨씬 매력적으로 보이지만, 실질적인 투자 수익인 연평균 수익률(주가 상승 + 분배금 재투자)을 보면 모든 기간에서 SCHD가 JEPI를 압도하고 있습니다. 특히 1년 수익률의 차이는 17.85% 대 8.81%로, SCHD가 JEPI보다 거의 2배에 가까운 성과를 냈죠.

장기적인 성과(최대)를 보더라도 SCHD가 더 높은 수익률을 기록했습니다. 앞서 우리가 확인했던 차트의 기조와 일맥상통하는 데이터죠. SCHD는 기업의 본질적인 성장에 집중해 주가와 배당을 동시에 키워내기 때문입니다.

배당 ETF 투자 시
반드시 고려해야 할 3가지 철칙

1. 배당 재투자는 복리의 엔진에 연료를 붓는 행위다

블룸버그의 데이터에 따르면 1959년부터 2019년까지 S&P500의 평균 배당률은 1%에서 2% 사이를 맴돌았습니다. 언뜻 보기에 미미해 보이는 이 수치가 60년이라는 세월의 복리를 만나면 어떻게 될까요?

만약 이 기간에 받은 배당금을 모두 소비했다면 원금은 약 50배 상승하는 데 그쳤겠지만, 배당금을 전액 재투자했을 경우 최종 자산은 무려 400배나 폭발적으로 팽창하게 됩니다. 단순히 원금만 굴렸을 때보다 배당을 꾸준히 재투자했을 때의 자산 증식 효과가 무려 8배나 높게 나타난 것이죠. S&P500처럼 상대적으로 배당률이 높지 않은 지수에서도 이 정도의 압도적인 격차가 벌어졌다면, 배당 성장률 자체가 월등히 높은 SCHD 같은 종목에 배당금을 재투자했을 때 맞이할 결과는 상상을 초월할 것입니다.

배당금은 내가 가진 '주식 수'에 비례해서 지급됩니다. 주식 수가 고정되어 있다면 배당금은 기업의 성장에만 의존하지만, 배당금을 재투자해 주식 수 자체를 늘려가면 그만큼 더 많은 배당금이 생깁니다. '부의 선순환 구조'가 완성되는 거죠. 복리의 마법을 빨리 깨달을수록 내 노후도 더 안정적이 됩니다.

주식 수 증가=배당금 증가

[배당 재투자 vs 배당 사용 투자]

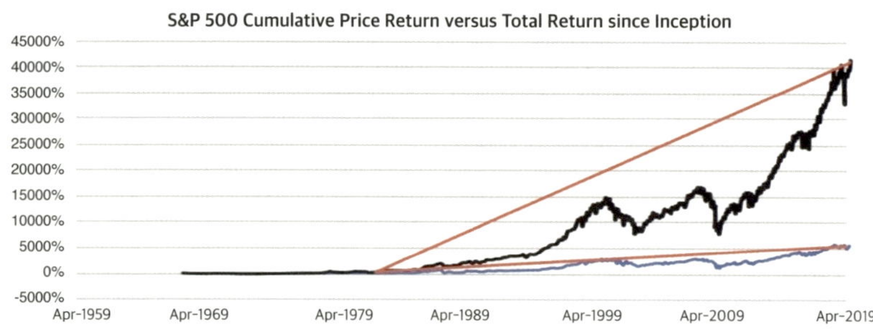

출처: 블룸버그

ETF 불패의 법칙

2. 배당 수익률의 비밀, 매수 시점이 배당의 '격'을 결정한다

배당 수익률은 내가 투자한 원금 대비 매년 얼마의 배당금을 돌려받는지를 직관적으로 보여주는 성적표입니다. 계산법은 아주 단순한데요, 1년 치 배당금을 현재 주가로 나누면 됩니다. 그런데 여기서 반드시 기억해야 할 사실이 있습니다. 바로 주가와 배당 수익률이 정반대로 움직이는 '배당률의 역설'이죠.

이해하기 쉽게 예를 들어보겠습니다. 어떤 기업의 주가가 1만 원이고 매년 600원의 배당금을 준다면, 이때의 배당 수익률은 6%입니다. 그런데 갑자기 심각한 경제 위기가 닥쳤다고 가정해봅시다. 주가가 5,000원으로 반 토막이 난 상황이라면 어떨까요? 펀더멘털이 튼튼한 우량 기업은 주주들에게 약속한 600원의 배당금을 그대로 묵묵히 지급합니다. 기존 투자자들 입장에서는 정말 다행이죠. 그런데, 여기서 역설이 발생합니다. 바닥을 친 5,000원에 이 주식을 용기 있게 주워 담은 사람의 실질 배당 수익률이 기존 투자자들보다 두 배나 많은 무려 12%가 되거든요. 남들이 공포에 질려 도망치는 하락장이, 사실은 내 평생의 현금흐름을 뻥튀기할 수 있는 천재일우의 기회인 셈이죠. 결국 배당 ETF를 어느 시점의 가격에 매수하느냐가 배당의 '급'을 완전히 뒤바꿔 놓는 겁니다.

3. 배당 성장률은
인플레이션을 방어하는 가장 강력한 무기다

배당 수익률이 눈앞에 보이는 '현재의 매력'이라면, 배당 성장률은 내 자산의 덩치를 폭발적으로 키워줄 '미래의 가치'입니다. 배당 성장률이란 기업이 꾸준히 이익을 늘려 주주에게 돌려주는 배당금의 절대적인 액수 자체를 매년 인상하는 비율을 뜻합니다. 예를 들어 어떤 기업이 작년에 1,000원의 배당금을 주었는데 올해 1,100원을 지급했다면, 이 기업의 배당 성장률은 10%가 되는 거죠.

이처럼 배당 성장률이 높다는 것은 그 기업이 경제 위기 속에서도 흔들림 없이 돈을 벌어들이며 견고하게 팽창한다는 확실한 증거입니다. 미국 시장에는 주주 환원을 극대화한 위대한 기업들을 기리는 명예로운 칭호들이 존재하는데요. 무려 50년 이상 단 한 번도 거르지 않고 배당금을 인상해온 기업을 '배당 왕(Dividend King)'이라 부르고, 25년 이상 꾸준히 배당을 늘려온 기업을 '배당 귀족(Dividend Aristocrat)'이라 부릅니다. 경제 위기와 폭락장에서도 주주에게 지급하는 현금을 계속 늘려온 것을 예우해주는 거죠.

든든한 연금 시스템을 고민하는 우리가 찾아야 할 대상은 당장 높은 배당금을 쥐여주는 기업이 아니라, 내 배당금을 매년 꼬박꼬박 늘려줄 역량 있는 우량 기업입니다. 그래야만 돈의 가치를 갉아먹는 인플레이션을 방어하고도 남는, 마르지 않는 현금흐름을 완성할 수 있으니까요.

5,000만 원 + 월 50만 원의 기적: SCHD 은퇴 설계 포트폴리오

SCHD는 대표적인 배당 성장주입니다. 배당 성장주는 자산 상승뿐만 아니라 배당금에서도 인플레이션 헤지 효과가 있는데요. 만약 10년 전에도 2%의 배당을 주고, 지금도 똑같이 2%의 배당을 주는 기업이 있다면 어떨까요? 그 기나긴 세월 동안 무섭게 치솟은 물가를 감안하면, 내 손에 쥐어지는 배당금의 실질적인 가치는 이미 반 토막 난 것이나 다름없습니다. 인플레이션을 방어할 힘을 완전히 상실한 것이죠.

하지만 SCHD의 연도별 배당금 지급 내역을 살펴보면, 매년 흔들림 없이 우상향하는 궤적을 확인할 수 있습니다. SCHD는 어떻게 매년 배당금을 늘려갈 수 있는 걸까요?

그 비밀은 바로 SCHD가 품고 있는 기업들의 '압도적인 브랜드 지배력'에 있습니다. 앞서 코카콜라처럼 전 세계 소비자를 사로잡은 1등 독과점 기업들은 원자재 가격이나 물가가 오르면 그 상승분을 아주 자연스럽게 제품 가격에 전가한다고 했죠? 그래서 남들에게는 공포스러운 인플레이션이, 이들에게는 오히려 기업의 매출 덩치를 키우고 주주들의 배당금을 두둑하게 불려주는 수익 창출의 지렛대가 되는 것입니다. 이 기업들에 투자한다면, 더 이상 물가 상승을 두려워할 필요가 없는 거죠. 위기를 기회로 바꾸어 내 원금을 키우고 배당금까지 매년 높여주니까요.

SCHD 배당금 + 배당 성장, 연평균 배당 성장률 12%

(인플레이션 헤지 효과)

[SCHD 배당금과 배당 성장 추이]

SCHD 배당금 + 배당 성장	
2025년	1.047%
2024년	0.995%
2023년	0.886%
2022년	0.854%
2021년	0.750%
2020년	0.676%
2019년	0.575%
2018년	0.480%
2017년	0.449%
2016년	0.419%

2016년부터 2025년까지 지난 10년간의 배당금 지급 흐름을 살펴보면, 2016년 0.419 수준이었던 배당금은 단 한 해도 뒷걸음질 치지 않고 꼬박꼬박 늘어나, 2025년에는 1.047까지 치솟았습니다. 무려 10년 만에 내 손에 들어오는 현금이 2.5배 이상 훌쩍 불어난 셈이죠. SCHD의 10년 배당 성장률은 복리로 150%에 달합니다.

흔들리지 않는 배당 제국, SCHD

그럼 본격적으로 SCHD ETF에 대해 알아보고 배당 시뮬레이션을 통해 언제쯤 의미 있는 배당 성과를 얻을 수 있는지 알아보겠습니다. SCHD 운용사는 찰스 슈압(Charles Schwab)에서 운용하며 2011년 다우존스 미국 배당 100 지수의 총 수익률을 추종하게끔 설계되었고, 시가총액은 839억 달러, 한화 120조 규모입니다. 포트폴리오에 포함된 대표적인 기업들로는 배당 성장률이 높은 기업들로 포진되어 있으며, 홈디포(HD), 코카콜라(KO), 셰브론(CVX), 록히드 마틴(LMT) 등 브랜딩 파워를 지닌 기업들로 구성되어 있어 타 기업들이 진입하기 힘든 구조입니다. 즉! 경제적 혜자를 마련해놓은 기업들이죠.

[SCHD ETF 개요]

운용사	Charles Schwab
설정일	2011.10.20
기초지수	Dow Jones U.S Dividend 100 Index
시가총액	83,914,5M
운용보수	0.06%
배당금	3.80%
배당 횟수	분기 배당(4번)

[SCHD ETF 대표구성 종목 및 투자 비율]

	SCHD ETF 구성 종목	투자 비율
1	록히드 마틴(LMT)	4.91%
2	텍사스 인스트루먼츠(TXN)	4.37%
3	셰브론(CVX)	4.32%
4	코노코필립스(COP)	4.2%
5	버리이즌 커뮤니케이션즈(VZ)	4.05%
6	브리스톨 마이어스 스큅(BMZ)	4%
7	머크(MRK)	3.99%
8	알트리아 그룹(MO)	3.93%
9	코카콜라(KO)	3.91%
10	홈 디포(HD)	3.88%

SCHD 상위 10개 종목

출처 : 키움증권 MTS

2011년 이래 연평균 수익률은 13.1%이며, 2025년 배당금은 3.8%였습니다. 3.8%에서 배당 소득세 15%를 제외하고 배당금 재투자 시 13.1%+3.2%=16.3%가 나오게 되죠.

실전 시뮬레이션: 5,000만 원 집중투자와 월 50만 원 적립

그럼 본격적으로 시뮬레이션을 통해 언제쯤 의미 있는 배당금을 받을 수 있는지 알아보겠습니다. 배당금 재투자를 가정

ETF 불패의 법칙

해 초기 투자금 5,000만 원, 월 적립금 50만 원, 연평균 복리 수
익률 16.3%, 투자 기간은 20년으로 돌려보겠습니다.

[SCHD ETF 복리 계산 시뮬레이션]

세팅 값	월 50만 원 적립식	결괏값	
집중투자 금액	5,000만 원	총수익	1,625,741,969원
연복리 수익률	16.3%	총투자금액	169,000,000원
기간	20년	최종 금액	1,795,241,969원

◉ 년　○ 월

년	원금 (₩)	수익 (₩)	최종 금액 (₩)
1	55,500,000	+8,598,250	64,098,250
2	70,098,250	+10,977,765	81,076,015
3	87,076,015	+13,745,140	100,821,155
4	106,821,155	+16,963,598	123,784,753
5	129,784,753	+20,706,665	150,491,418
6	156,491,418	+25,059,851	181,551,269
7	187,551,269	+30,122,607	217,673,876
8	223,673,876	+36,010,592	259,684,468
9	265,684,468	+42,858,318	308,542,787
10	314,542,787	+50,822,224	365,365,011
11	371,365,011	+60,084,247	431,449,257
12	**437,449,257**	**+70,855,979**	**508,305,236**
13	514,305,236	+83,383,504	597,688,740
14	603,688,740	+97,953,015	701,641,755
15	707,641,755	+114,897,356	822,539,111
16	828,539,111	+134,603,625	963,142,736
17	969,142,736	+157,522,016	1,126,664,751
18	1,132,664,751	+184,176,104	1,316,840,856
19	1,322,840,856	+215,174,810	1,538,015,666
20	1,544,015,666	+251,226,303	1,795,241,969

복리수익 3억 1,500만 원부터 월 배당금 100만 원 발생 (9년 차)

　　SCHD의 과거 평균 수익률과 배당금을 합친 연 16.3%의
수익률로 초기 5,000만 원을 20년간 운용해본 결과, 최종 자산

은 무려 17억 9,000만 원에 달했습니다. 그렇다면 2025년 기준 배당률인 3.8%를 적용했을 때, 매월 100만 원의 배당금을 받으려면 어느 정도의 자산이 필요할까요? 연간 1,200만 원을 3.8%로 나누어보면 약 3억 1,500만 원이 필요하다는 계산이 나옵니다. 이를 20년 뒤 은퇴 시점의 최종 자산에 대입해보면 매월 680만 원이라는 현금 흐름이 창출되고, 15%의 배당소득세를 떼고도 매달 579만 원을 손에 쥐게 되죠.

배당 성장 ETF 3대장 비교:
SCHD vs VIG vs DGRO

은퇴 후 든든한 '배당 월급'을 받으려면 꾸준히 자산 가치가 우상향하는 것은 물론 물가 상승을 뛰어넘는 배당 성장이 반드시 보장되어야 합니다. 여기에 복리의 속도를 높여줄 적절한 배당 수익률도 뒷받침되어야 하죠. 시중에는 고배당으로 유혹하는 커버드콜 상품이 많지만, 앞서 보았듯 이는 원금을 갉아먹는 치명적인 함정을 안고 있습니다. 세상에 공짜는 없듯 비정상적으로 높은 배당금 뒤에는 원금 손실이 따르기 마련이죠. 결국 우리의 소중한 노후를 안심하고 맡길 수 있는 진짜 투자처는, 자산과 배당이 함께 성장하는 SCHD, VIG, DGRO 세 가지로 압축됩니다.

은퇴 설계에 맞는 배당 ETF는 무엇일까?

'은퇴 설계'라는 관점에서 세 ETF를 비교해보겠습니다.

- VIG(Vanguard Dividend Appreciation ETF): 뱅가드에서 운용하며 10년 이상 배당을 늘려온 기업에 투자합니다. 매우 안정적이지만 배당 수익률이 1%~2%대로 낮아, 은퇴 후 실질적인 생활비를 충당하기에는 자산 규모가 엄청나게 커야 한다는 부담이 있습니다.
- DGRO(iShares Core Dividend Growth ETF): 블랙록에서 운용하며 배당 성장성과 지속 가능성을 봅니다. VIG보다는 배당률이 높지만, 역시 2% 중반대에 머물러 있습니다.
- SCHD(Schwab US Dividend Equity ETF): 배당 수익률(3.8%)과 배당 성장률(10% 이상)의 밸런스가 가장 뛰어납니다. 주가 상승분까지 고려하면, 동일한 자본금으로 가장 '두둑한 월급'을 만들어낼 수 있는 유일한 대안이죠.

결국 VIG나 DGRO도 훌륭하지만, 은퇴 후 월 500만 원이라는 구체적인 현금 흐름을 목표로 삼는다면 SCHD가 최적입니다. 3.8%의 든든한 중배당과 고도성장을 동시에 이뤄내기 때문이죠. 배당률이 낮은 다른 상품으로 이만한 노후 월급을 세팅하려면 훨씬 더 긴 시간과 막대한 투자금을 쏟아부어야만 합니다.

[배당 ETF 분류]

분류	배당률	ETF
고배당	5% 이상	JEPI, QYLD, XYLD, NUSI, KBWY, MAIN
중배당	3% ~ 5%	SCHD, SPHD, SPYD, PFF, PFFD, PGX
저배당	3% 미만	DGRO, DGRW, VIG, VYM

[SCHD, VIG, DGRO ETF 주요 지표 비교]

미국 배당 성장 ETF	SCHD	VIG	DGRO
운용사	Schwab	Vanguard	iShares
운용 수수료	0.06%	0.06%	0.08%
운용자산	67.7 B	73.3 B	30.4 B
상장일	2011	2011	2014
연 배당률	3.8%	1.57%	2.0%
배당 성장률	11.3%	6.8%	12.5%
연속 배당 성장	13년	14년	10년
배당 주기	분기별	분기별	분기별

수익률(10년)	170.6%	146.5%	188.9%
주요 섹터	필수 소비재 에너지 헬스케어	금융 헬스케어 기술	금융 기술 헬스케어

세 상품 모두 운용 수수료가 0.06%~0.08% 수준으로 몹시 저렴하고, 자산 규모 역시 수십 조 원에 달하는 세계 최상위급 우량 ETF들입니다. 하지만 가만히 들여다보면 각기 다른 장점이 있죠.

먼저 VIG를 살펴보면, 14년 연속 배당 성장을 이뤄낸 굵직한 기업들을 담아 안정성 면에서는 탁월하지만, 현재 연 배당률이 1.57%로 다소 낮아 당장의 넉넉한 현금흐름을 기대하는 투자자에게는 아쉬움이 남습니다. 반면 DGRO는 12.5%라는 가장 가파른 배당 성장률과 기술주가 포함된 공격적인 포트폴리오를 앞세워 과거 10년 수익률 188.9%라는 놀라운 퍼포먼스를 보여주죠. 하지만 이 역시 현재 배당률이 2.0% 수준에 머물러 있어, 은퇴 후 곧바로 생활비에 보태 써야 할 '당장의 배당금' 면에서는 갈증이 생길 수밖에 없습니다.

반면 SCHD는 3.8%라는 가장 높은 배당률을 챙겨주면서도, 11.3%라는 두 자릿수 배당 성장률을 잃지 않는 '황금 밸런

ETF 불패의 법칙

스'를 자랑합니다. 게다가 필수 소비재와 헬스케어 등 경기 방어력이 뛰어난 섹터에 집중해 하락장에서도 내 원금을 안전하게 지켜내죠. 배당금을 재투자했을 때도 10년간 170.6%라는 훌륭한 자산 증식까지 증명해냈습니다.

출처 : 키움증권 MTS

[배당 성장 ETF VIG 차트]

출처 : 키움증권 MTS

DGRO와 VIG 차트 모두, SCHD와 마찬가지로 장기적으로 우상향하는 그래프를 보입니다. 하지만 다음의 연평균 수익률을 비교해보면, 약간의 차이를 알 수 있습니다.

세 상품 모두 일단 10년 이상 장기 투자 시 연평균 13~14%대라는 훌륭한 성과를 안겨줍니다. 기술주 비중이 상대적으로 높은 DGRO나 VIG의 수익률이 3년에서 10년 사이의 특정 구간에서는 1~2% 정도 살짝 앞서기도 하죠. 하지만 온갖 경제 위기가 포함된 최대 기간을 기준으로 보면, SCHD는

ETF 불패의 법칙

13.12%라는 가장 탄탄하고 안정적인 성장률을 보입니다. 여기에 VIG(1.57%)나 DGRO(2.0%)보다 배당률도 더 크고요(3.8%). 결국 SCHD가 가장 최적이라는 결론에 도달하게 되죠.

[SCHD, VIG, DGRO ETF 연평균 수익률 비교]

SCHD, VIG, DGRO ETF 연평균 수익률 비교			
기간	SCHD	VIG	DGRO
1년	15.14%	12.07%	16.42%
3년	10.27%	14.72%	14.78%
5년	10.90%	11.66%	12.26%
7년	13.03%	13.52%	13.37%
10년	13.35%	13.81%	14.18%
최대	13.12%	10.04%	12.27%

노후 생존의 법칙:
개인 퇴직금 관리 방법

2026년 1월, 정부의 퇴직연금 의무화 발표가 있었습니다. 기존에는 일반적인 '퇴직금 제도'만으로도 법적 요건을 충족했지만, 이제는 근로자의 노후 소득 보장을 위해 퇴직연금(DB, DC, IRP) 가입이 전면 의무화되는 것이죠. 갑작스러운 변화에 '내 퇴직금은 못 받는 건가?', '내 노후 자금은 안전한가?'라며 불안해하실 수 있지만, 결론부터 말씀드리면 퇴직금 자체가 사라지는 것은 절대 아닙니다.

현재 우리나라의 노인 빈곤율은 OECD 최상위권으로, 10명 중 4명이 빈곤층에 속합니다. 한 번에 목돈으로 받은 퇴직금을 무리한 창업으로 잃거나 생활비, 자녀 결혼 자금 등으로 소진해버려 정작 은퇴 후 30년이라는 긴 세월을 버틸 자금이 턱

없이 부족해지기 때문이죠. 정부는 이러한 현실을 막기 위해, 기존의 선택적이던 퇴직금 구조를 '퇴직연금'으로 완전히 일원화했습니다. 국민의 든든한 노후 안전망을 강제하려는 것이죠.

시행 시기와 적용 대상

- 법 공포 후 1년이 경과한 날부터 시행됩니다.
- 시행일을 기준으로 모든 신규 사업장은 즉시 퇴직연금 제도를 설정해야 합니다.
- 기본 사업장은 규모별로 순차 적용됩니다.
- 도입하지 않는 사업주에게는 과태료 등 실질적인 제재가 가해지며, 근로자가 원치 않더라도 기업은 반드시 퇴직연금 제도를 설정해야 합니다.
- 중소기업 근로자들을 위해 수익률을 높일 수 있는 기금형 제도 도입도 가속화됩니다.

[사업장 규모별 적용 일정]

사업장 규모	퇴직연금 도입 기한
300명 이상	시행일 이후 1년 이내 (2026년 중)
100명 ~299명	시행일 이후 2년 이내 (2027년 중)
30명~99명	시행일 이후 3년 이내 (2028년 중)
30명 미만	시행일 이후 5년 이내 (2030년 중)

정부의 계획에 따르면 300명 이상 대규모 사업장을 시작으로, 시행 후 6년 이내에 상시근로자 1인 이상인 모든 사업장까지 퇴직연금 도입이 의무화됩니다.

과거의 퇴직금 vs 현재의 퇴직연금

과거의 퇴직금 제도는 회사가 장부상으로만 금액을 적립하다 보니, 회사가 쓰러지면 평생 바친 퇴직금마저 허공으로 날아가는 치명적인 문제가 있었습니다. 이를 해결하기 위해 도입된 것이 바로 '퇴직연금' 제도입니다. 회사는 근로자의 퇴직금을 의무적으로 외부 금융기관(은행, 증권사)에 안전하게 예치해야 하며, 퇴직자는 이 자금을 기반으로 노후를 준비할 수 있게 되었죠. 이 퇴직연금 제도는 운용 주체에 따라 크게 두 가지로 나뉩니다.

1. 확정급여형(DB, Defined Benefit)

우리가 흔히 아는 전통적인 퇴직금과 같습니다. '근속연수 × 퇴직 직전 3개월 평균임금'으로 내가 받을 퇴직금이 미리 확정되어 있습니다. 적립금 운용의 주체는 '회사'이므로 운용 수익이나 손실 모두 회사가 떠안게 됩니다. 중도 인출은 불가능하지만, 원한다면 언제든 뒤이어 설명할 DC형으로 전환할 수 있습니다.

2. 확정기여형(DC, Defined Contribution)

회사가 매년 근로자 연봉의 12분의 1 이상을 내 퇴직 계좌에 꼬박꼬박 넣어주면, 그 돈을 근로자가 스스로 굴리는 방식입니다. 금융상품을 직접 선택해 투자할 수 있다는 것이 DB형과의 가장 큰 차이점이며, 투자 결과에 따른 이익과 손실 역시 오롯이 근로자의 몫이 됩니다.

[확정기여형(DC) 퇴직연금 구조도]

모든 퇴직금의 종착지, IRP(개인형 퇴직연금) 계좌

근로자가 가입한 제도가 DB형이든 DC형이든, 퇴직 시점이 되면 이 돈은 모두 IRP 계좌로 모이게 됩니다. 이때 퇴직금을 일시금으로 덜컥 찾아 쓰면 적지 않은 세금을 내야 하지만, 연금 형태로 수령하기로 선택하면 세금 납부가 지연(이연)되고 저율 과세가 적용되는 막강한 절세 혜택을 누릴 수 있죠.

하지만 안타깝게도 근로자 대다수는 자신의 퇴직금이 DB형인지 DC형인지조차 모른 채 은퇴를 맞이합니다. 직장 생활 중 퇴직금을 DC형으로 전환하거나 IRP 계좌를 개설할 때, 금융기관 직원이 "어떤 상품으로 운용하시겠어요?"라고 물으면 십중팔구 무심코 '원금 보장형 예금'을 택하곤 하죠. 내 소중한 노후 자금이 무조건 원금 보장되어야 안전하다고 굳게 믿기 때문입니다.

하지만 정말 그럴까요? 국가의 노후를 책임지는 국민연금이 왜 굳이 위험을 감수하며 주식과 ETF에 막대한 자금을 투자하는지 생각해보아야 합니다. 그 이유는 바로 '인플레이션' 때문입니다. 국민연금이 1~2%대 안전한 예금 이자에만 만족했다면, 무섭게 오르는 물가 상승과 화폐 가치 하락을 방어하지 못해 일찌감치 고갈되고 말았을 것입니다.

우리의 퇴직금도 마찬가지입니다. 치솟는 물가 상승률을

따라잡지 못하는 은행 예금에 평생 묶어두면, 은퇴 후 내 자산의 실질 가치는 제자리걸음이 아닌 오히려 쪼그라들게 되죠. 반면, 장기적으로 우상향하는 지수 ETF에 투자해 연평균 10%의 수익을 낸다면 은퇴 시점의 퇴직금은 예금과는 비교조차 할 수 없을 만큼 두 배, 세 배 불어납니다. 저 역시 저이율 상품 대신 지수 ETF로 퇴직금을 직접 운용했고, 은행 이자와는 비교할 수 없을 만큼 자산을 빠르게 키워냈습니다.

퇴직금 관리, 전혀 어렵지 않습니다. 앞서 우리가 배운 '우상향 투자 공식'을 내 퇴직 계좌에 그대로 대입하기만 하면 됩니다. 이제 '원금 보장'이 아닌 퇴직금을 불려나가는 진정한 자본가의 길로 들어서시길 바랍니다.

[퇴직연금제도 종류]

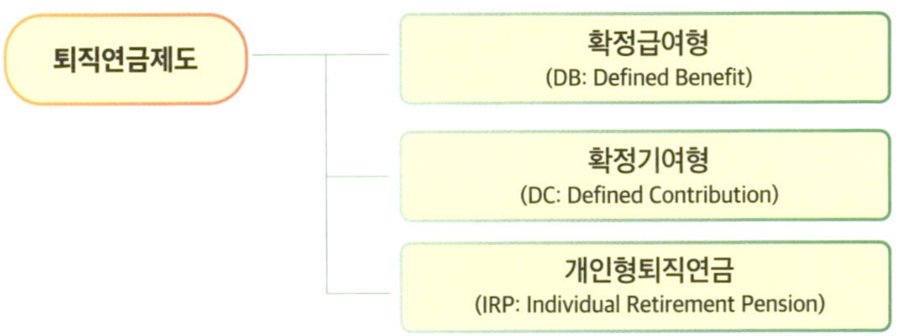

복리 극대화의 법칙:
은행 예금 2% vs ETF 복리 10%

2026년 퇴직연금 의무화 시대를 맞이해, 미국의 401(k) 제도를 주목할 필요가 있습니다. 미국은 1970년대부터 근로자의 세전 월급 일부를 주식시장에 투자하도록 장려해왔는데요. 2026년 기준 연간 최대 2만 4,500달러의 소득공제 혜택을 제공하면서 사실상 전 국민을 자본가로 이끌었죠.

2억 명에 달하는 근로자의 막대한 은퇴 자금이 S&P500 우량 기업으로 꾸준히 유입되고 있고, 정치인들은 국민의 노후 자산이 걸린 주식시장을 부양하기 위해 정책적 지원을 아끼지 않습니다. 그 결과, 미국의 평범한 직장인들은 은퇴할 무렵 10억 원 이상의 자산을 모아 해외 휴양지에서 여유로운 노후를 누리죠.

A와 B의 운명을 가른 20년의 기록

동일한 C 회사에 다니는 35세 동기, A와 B의 사례를 통해 2%와 10%의 차이를 극명하게 비교해보겠습니다. 두 사람 모두 20년 뒤인 55세에 은퇴를 맞이하게 됩니다.

- A 직원(안전 제일주의): 투자는 위험하다고 생각하며 은행 직원의 권유대로 연 2%의 확정 금리 상품을 선택.
- B 직원(전략적 자본가): 미래는 우상향한다 믿으며 직접 퇴직연금 계좌(DC/IRP)를 열어 미국의 지수 ETF에 투자. 연평균 10%의 수익률을 목표로 삼음.

결과는 어떻게 달라졌을까요? 매달 100만 원의 퇴직금이 쌓였다고 가정해봅시다. (20년간 원금 2억 4,000만 원)

- 2%의 A: 약 2억 9,000만 원. 물가 상승률을 고려하면 원금을 겨우 보전한 수준.
- 10%의 B: 약 7억 6,000만 원. A보다 2.5배가 넘는 자산을 형성.

만약 초기 자본금이 있었거나 수익률이 조금 더 높았다면 이 격차는 10억 원 이상으로 벌어졌을 겁니다. 똑같이 20년을 일했지만, 누구는 노후 빈곤을 걱정하고 누구는 풍요로운 제2의 인생을 시작하게 되는 거죠. 이것이 우리가 퇴직금 계좌를 미국 우상향 ETF로 채워야 하는 이유입니다.

(은행에도 투자 상품이 있지만, 운용 수수료와 채권 같은 보수적인 상품에 투자를 권유하기 때문에 이 책에서는 미국 지수 ETF에 직접 운영하는 방식을 알아보겠습니다.)

투자에 전혀 관심이 없던 A 직원과 30살부터 ETF 투자를 공부해 퇴직금을 직접 운용한 B 직원의 20년 뒤를 비교해보겠습니다. 두 사람 모두 매월 50만 원씩, 연간 600만 원의 퇴직금이 적립된다고 가정했습니다.

[은행에 투자한 A. 연이율 2% 시뮬레이션]

세팅 값	월 50만 원 적립식	결괏값	
연복리 수익률	2%	총수익	27,363,548원
기간	20년	총투자금액	120,000,000원
		최종 금액	147,363,548원

[A의 연간 수익 추이]

◉ 년 ○ 월

년	원금 (₩)	수익 (₩)	최종 금액 (₩)
1	6,000,000	+65,000	6,065,000
2	12,065,000	+186,300	12,251,300
3	18,251,300	+310,026	18,561,326
4	24,561,326	+436,227	24,997,553
5	30,997,553	+564,951	31,562,504
6	37,562,504	+696,250	38,258,754
7	44,258,754	+830,175	45,088,929
8	51,088,929	+966,779	52,055,707
9	58,055,707	+1,106,114	59,161,821
10	65,161,821	+1,248,236	66,410,058
11	72,410,058	+1,393,201	73,803,259
12	79,803,259	+1,541,065	81,344,324
13	87,344,324	+1,691,886	89,036,211
14	95,036,211	+1,845,724	96,881,935
15	102,881,935	+2,002,639	104,884,574
16	110,884,574	+2,162,691	113,047,265
17	119,047,265	+2,325,945	121,373,210
18	127,373,210	+2,492,464	129,865,675
19	135,865,675	+2,662,313	138,527,988
20	144,527,988	+2,835,560	147,363,548

[미국 지수에 투자한 B. 복리 수익률 10% 시뮬레이션]

세팅 값	월 50만 원 적립식		결괏값	
연복리 수익률	10%		총수익	242,264,372원
기간	20년		총투자금액	120,000,000원
			최종 금액	362,264,372원

[B의 연간 수익 추이]

● 년　○ 월

년	원금 (₩)	수익 (₩)	최종 금액 (₩)
1	6,000,000	+325,000	6,325,000
2	12,325,000	+957,500	13,282,500
3	19,282,500	+1,653,250	20,935,750
4	26,935,750	+2,418,575	29,354,325
5	35,354,325	+3,260,433	38,614,758
6	44,614,758	+4,186,476	48,801,233
7	54,801,233	+5,205,123	60,006,357
8	66,006,357	+6,325,636	72,331,992
9	78,331,992	+7,558,199	85,890,191
10	91,890,191	+8,914,019	100,804,211
11	106,804,211	+10,405,421	117,209,632
12	123,209,632	+12,045,963	135,255,595
13	141,255,595	+13,850,559	155,106,154
14	161,106,154	+15,835,615	176,941,770
15	182,941,770	+18,019,177	200,960,947
16	206,960,947	+20,421,095	227,382,041
17	233,382,041	+23,063,204	256,445,246
18	262,445,246	+25,969,525	288,414,770
19	294,414,770	+29,166,477	323,581,247
20	329,581,247	+32,683,125	362,264,372

[20년 뒤 A와 B의 퇴직금 수익 비교]

A 직원 결괏값		B 직원 결괏값	
총수익	27,363,548원	총수익	242,264,372원
총투자금액	120,000,000원	총투자금액	120,000,000원
최종 금액	147,363,548원	최종 금액	362,264,372원

　20년 후 원금은 1억 2,000만 원으로 동일하지만, 복리 수익률이 두 사람의 은퇴 자산을 완전히 갈라놓았습니다.

　연 2%대 예금에 퇴직금을 방치한 A 직원은 2,700만 원의 이자가 붙어 총 1억 4,700만 원을 수령했습니다. 반면, 미국 지수 ETF에 투자해 연평균 10%의 복리 효과를 누린 B 직원은 2억 4,000만 원의 수익을 더해 총 3억 6,000만 원을 쥐게 되었습니다. 순수익만 무려 10배 가까운 차이죠. 믿기 어렵다면 지금 당장 본인의 퇴직금 계좌를 열어 확인해보세요. 십중팔구 2%대 원금 보장형 상품에 잠들어 있을 것입니다.

자본의 생리를 배운 적 없는 A 직원은 은퇴 후 1억 남짓한 돈으로 만만한 치킨집 창업에 뛰어들 가능성이 큽니다. 반면, 30살부터 우상향하는 미국 시장에 퇴직금과 월급의 일부를 꾸준히 투자한 B 직원은 10억 원 이상의 자산을 거머쥐고 은퇴합니다. 노동 없이도 매달 300만 원의 배당금을 받으며, 삶의 주도권을 갖고 마음 편히 여행을 즐기는 여유로운 노후를 맞이하게 되겠죠.

연금 우상향 법칙:
동료가 '나스닥'을 쓸어 담는 이유

회사에서 친하게 지내던 선배가 제 책을 읽고 찾아온 적이 있습니다. 퇴직금을 직접 운용할 수 있다는 사실을 처음 알았다며 제게 포트폴리오 설계를 부탁했죠. 당시 선배의 퇴직금은 연 2% 대 은행 예금에 잠들어 있었습니다. 저는 안전성도 중요하지만, 미국 S&P500이나 나스닥 지수 ETF에 투자해 연평균 10% 이상의 복리 수익을 노려보자고 제안했습니다. 특히 미래 기술의 성장성을 기대하며 나스닥 투자를 권유했고, 선배는 조언에 따라 'TIGER 미국나스닥100'으로 포트폴리오를 전면 교체했죠.

1년쯤 지났을 때, 선배는 눈에 띄게 불어난 계좌를 보며 아이처럼 기뻐했습니다. 퇴직금이 ETF로 자라나는 것을 직접 경험하며 제게 거듭 고마움을 전했죠. 그로부터 2년 뒤, 제가 경제적 자립을 이루고 사직서를 제출하던 날 마지막으로 선배의 연금 계좌를 함께 확인했습니다. 선배는 그동안 묵묵히 나스닥 지수 ETF를 모아왔고, 그 결과 수익률 82%를 기록하며 자산 총액이 1억 5,000만 원을 훌쩍 넘어 있었습니다. 원금 8,000만 원을 예금이나 채권형 상품에 그대로 두었다면 9,000만 원조차 넘기기 어려웠을 텐데 말이죠.

2%와 10%의 수익률 격차는 은퇴 이후의 삶이 풍요로울지 그렇지 않을지를 결정짓는 중대한 차이입니다. 선배의 계좌가 증명하듯, 시장의 우상향을 향한 굳건한 믿음은 결코 우리를 배신하지 않습니다.

[A 선배의 연금 계좌 현황(TIGER 미국나스닥100 투자)]

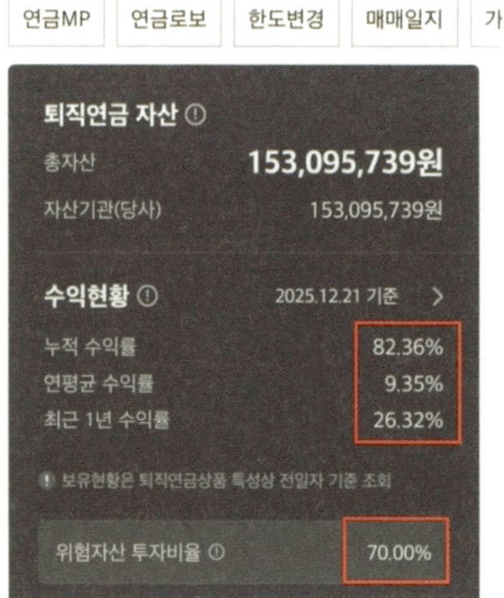

선배의 퇴직연금 계좌를 보면, 포트폴리오를 뒤늦게 수정했어도 나스닥이 급등하며 연평균 수익률이 9.35%까지 뛰어오른 것을 확인할 수 있습니다. 제가 처음 계좌를 점검했을 때만 해도 수익률은 2%를 밑돌았었죠.

여기서 한 가지 주의 깊게 보아야 할 부분은 계좌에 표시된 '위험자산 투자 비율'입니다. 노후 자금을 안전하게 지키기 위한 제도적 장치인데요, 주식형 ETF나 해외지수 추종 ETF 등은 모두 위험자산으로 분류됩니다. 따라서 관련 규정에 따라 전체 자산의 최대 70%까지만 위험자산에 투자할 수 있죠. 나머지 최소 30%는 예금, 국채, 또는 주식 비중이 낮은 채권혼합형 ETF와 같은 안전자산으로 반드시 채워 두어야 합니다.

앞서 배운 지수 ETF와 반도체 ETF를 활용해 누구나 수익을 낼 수 있습니다. 지금부터 장기적으로 꾸준히 우상향하는 대표적인 국내 ETF를 살펴보겠습니다.

미국 우상향 ETF	퇴직금 연계 ETF	배당금	수수료	연간 배당 이력
다우지수 추종	SOL 미국 배당 다우존스	2.96%	0.01%	월 배당
	SOL 미국 배당 다우존스(H)	2.92%	0.05%	월 배당
	KODEX 미국 배당 다우존스	2.79%	0.099%	월 배당
	TIGER 미국 배당 다우존스	2.87%	0.01%	월 배당
	ACE 미국 배당 다우존스	2.89%	0.01%	월 배당
S&P500 지수 추종	SOL 미국 S&P500	0.87%	0.05%	분기 배당
	KODEX 미국 S&P500	1.69%	0.0062%	분기 배당
	KODEX 미국 S&P500(H)	0.95%	0.0099%	분기 배당
	TIGER 미국 S&P500	1.05%	0.0068%	월 배당
	ACE 미국 S&P500	0.95%	0.0047%	분기 배당
나스닥 지수 추종	SOL 미국 나스닥 100	0.47%	0.0062%	분기 배당
	KODEX 미국 나스닥 100	0.91%	0.0062%	분기 배당
	KODEX 미국 나스닥 100(H)	0.54%	0.05%	분기 배당
	TIGER 미국 나스닥 100	0.64%	0.05%	분기 배당
	ACE 미국 나스닥 100	0.52%	0.0068%	분기 배당
미국 반도체 기업 추종	KODEX 미국 반도체	0.48%	0.09%	분기 배당

퇴직연금 계좌에서는 이 책에서 강조해온 다우, S&P500, 나스닥 지수와 반도체 섹터를 추종하는 다양한 국내 상장 ETF로 자산을 운용할 수 있습니다. 이때 종목명 끝에 붙은 '(H)' 표시에 주목하시기 바랍니다. 이는 해외 투자 시 발생하는 환율 변동 위험을 방어해주는 '환 헤지(Currency Hedge)' 상품을 뜻하는데요. 환율 흐름을 매번 신경 쓰기 번거롭거나, 요

즘처럼 환율이 고점일 때 향후 하락(1,400원 ➡ 1,300원)으로 인한 환차손이 우려된다면 수수료를 조금 더 내더라도 환 헤지 상품을 고르는 편이 훨씬 유리합니다.

성향별 퇴직연금 ETF 추천 포트폴리오

- 안정적인 노후를 위해 단 하나만 꼽는다면?: 'SOL 미국배당다우존스(H)'를 추천합니다. 퇴직금 관리에 가장 적합하며, 약 2.92%의 배당 수익률과 꾸준히 배당을 늘려온 우량 기업들로 구성되어 든든하죠. 특히 환 헤지가 적용되어 요즘 같은 고환율 시기에도 환율 변동 걱정 없이 마음 편히 투자할 수 있습니다.

- 워런 버핏의 철학처럼 시장 전체의 우상향을 굳게 믿는다면?: 'KODEX 미국S&P500TR'이 제격입니다. 지급되는 배당금을 자동으로 재투자(Total Return)해, 시장 평균 수익을 복리로 탄탄하게 쌓아갈 수 있는 상품입니다.

- 보다 공격적인 수익률을 원한다면?: 'KODEX 미국나스닥100'과 'KODEX 미국반도체'에 주목하십시오. 미래 기술의 성장을 확신한다면 나스닥 지수를, AI 시대를 이끄는 엔비디아나 브로드컴 같은 핵심 기업에 집중하고 싶다면 반도체 ETF를 선택하면 됩니다. 기술주 특성상

배당률은 낮지만, 가파른 주가 상승을 통한 자산 증식 효과는 가장 강력합니다.

퇴직금 관리는 복잡할 필요가 없습니다. 본인의 투자 성향이 '안정적인 배당형'인지 '공격적인 성장형'인지만 결정하면 되죠. 우상향하는 미국의 핵심 자산에 여러분의 퇴직금을 태우는 순간, 노후의 풍경은 180도 달라질 것입니다.

국내 ETF 투자 시 고려할 사항

마지막으로 ETF는 상품마다 구성 자산, 수수료, 운용사 전략이 다르므로 아래 사항을 고려해야 합니다.

- 운용보수: 장기 투자일수록 보수가 낮은 상품이 유리합니다.
- 거래량과 유동성: 거래가 활발한 ETF를 선택해야 스프레드 손실을 줄일 수 있습니다. (삼성·미래에셋자산운용이 가장 거래가 활발합니다.)
- 기초지수 구성: 어떤 지수를 추종하는지, 산업군이나 국가의 위험은 없는지 분석해야 합니다.
- 환율 리스크: 해외 ETF는 환 헤지 여부를 확인해야 합

니다. 퇴직연금은 수십 년 운용해야 하는 자산이기 때문
에 상품 선택을 신중하게 해야 합니다.

[자산운용사별 ETF 브랜드명]

SOL	신한자산운용
KODEX	삼성자산운용
TIGER	미래에셋자산운용
ACE	한국투자신탁운용
RISE	KB자산운용

※ 국내 ETF 운용사 점유율은 삼성·미래에셋이 1.2위 '양강'으로 유지되고 있습니다. 삼성자산운용은 KODEX라는 브랜드를 사용하며, 미래에셋자산운용의 경우 TIGER를 브랜드로 사용하고 있습니다. ACE 브랜드를 사용하는 한국투자신탁운용의 경우 거래량이 미미하니 투자 포트폴리오에서 과감히 제하는 게 좋습니다.

무작정 따라 하기만 해도
성공하는 개인 퇴직금 운용법

ETF 투자는 일반 주식과 방식이 같습니다. 단일 기업이냐, 여러 우량 기업의 묶음이냐의 차이일 뿐이죠. 코스피 5,000, 다우지수 5만 시대를 기대하는 요즘, 개별주식의 변동성 위험을 덜어주는 ETF 투자는 훌륭한 대안으로 주목받고 있습니다.

하지만 ETF 투자에 쏠린 뜨거운 관심에 비해, 정작 내 퇴직금을 '직접' 운용해야 한다는 인식은 아직 부족하죠. 회사가 지급한 DC형 퇴직금이 IRP 계좌에 들어오면, 우리는 이를 일반 주식 계좌처럼 다룰 수 있습니다. 중도 인출은 엄격히 제한되지만, IRP 계좌만의 강력한 '과세 이연' 혜택 덕분에 훗날 연금으로 수령할 때 막대한 세금 감면을 받을 수도 있죠.

제가 강조하고 싶은 핵심은 '퇴직금 관리 역시 우리가 지금까지 배워온 투자의 연장선에 있다'는 점입니다. 앞서 익힌 투자 방식을 퇴직금 계좌에 그대로 적용하기만 하면 되죠. 앞선 선배의 사례처럼 포트폴리오 교체는 결코 어렵지 않습니다. 그럼 지금부터 내 소중한 퇴직금을 구체적으로 어떻게 관리해야 하는지 알아보겠습니다.

퇴직금 관리 순서

1. 핸드폰 앱을 통해 퇴직금 관리 '주거래 은행'으로 들어갑니다.
2. 앱에 들어가면 '퇴직연금'이 있습니다.
3. 퇴직연금으로 들어가면 '자산운용 현황'이 나타납니다. DC형으로 관리할 경우 은행 직원의 권유로 '원리금 보장'형 상품에 가입되어 있을 가능성이 큽니다. 100% 원리금 보장형으로 투자할 수도 있고, ETF처럼 위험성 자산으로 분류되는 투자처에 퇴직금 총비율의 70%까지 투자할 수 있습니다.
4. '자산운용 현황'에 들어가면 내가 투자한 상품이 나오고 '상품변경'이 보일 겁니다.
5. '상품변경'을 신청하고 투자 비중을 선택한 후 ETF 검

색을 통해 상품을 찾아봅니다.

6. 앞서 소개한 국내 자산운용사의 미국 ETF 상품들을 볼 수 있을 겁니다.

7. 예를 들어 SOL 미국 다우존스 상품을 선택한 후 교체 신청을 하면 하루 정도 지난 다음 은행에서 포트폴리오 교체를 해줍니다. 배당금의 경우 현금성 자산으로 쌓이니 가끔 들어가 이를 지금 보유하고 있는 상품에 재투자하면 됩니다. (포트폴리오 교체의 경우 은행에서 알림이 옵니다.)

증권계좌로 투자하는 것보다는 조금 복잡한데요. 그래도 한두 번 해보면 금방 적응될 겁니다. 소중한 퇴직금을 아무렇지도 않게 버려두는 것보다 내 미래를 위해 투자한다고 생각하고 조금 귀찮더라도 시도해봐야죠.

수익률을 두 배로 불리는
퇴직연금 과세 이연 & 저율 과세의 마법

퇴직연금(연금저축, IRP) 계좌에서 ETF를 운용하면 매매차익과 분배금에 대한 세금 납부를 훗날 연금 수령 시점까지 미뤄주는 '과세 이연' 혜택을 받습니다. 나중에 연금으로 찾을 때 3.3~5.5%의 낮은 연금소득세만 적용되므로 장기 투자 시 복리 효과를 극대화할 수 있죠.

국가가 이러한 혜택을 마련한 이유는 뭘까요? 바로 국민연금만으로는 안정적인 노후를 보장하기 어렵기 때문입니다. 개인이 스스로 퇴직금과 연금을 운용해 노후를 대비할 수 있도록 세금 감면이라는 강력한 동기를 부여한 것이죠. 일반 계좌라면 수익이 날 때마다 15.4%의 배당소득세를 내야 하지만, 연금 계좌에서는 이 세금을 떼지 않고 고스란히 재투자할 수 있어 장기 자산 증식에도 절대적으로 유리합니다.

예를 들어, 직장인 A씨가 퇴직연금 DC형 계좌에서 1,000만 원으로 국내 상장 나스닥 ETF를 매수해 2년 뒤 1,400만 원에 전량 매도했다고 가정해보겠습니다. 일반 계좌라면 400만 원의 수익에 대해 15.4%의 세금을 내야 하지만 DC형 계좌에서는 어떠한 세금도 떼이지 않고 1,400만 원 전액이 그대로 계좌에 들어옵니다. 이렇게 당장 낼 세금을 아껴 투자금에 계속 보태 굴리면, 투자 기간이 길어지고 금액이 커질수록 과세 이연이 만들어내는 복리의 마법이 눈덩이처럼 불어나게 됩니다.

[일반 계좌와 퇴직연금 계좌의 과세 차이]

항목	일반 투자 계좌	퇴직연금 계좌(IRP/DC형)
매매차익 과세	배당 소득세 15.4%	비과세(인출 시점에 과세)
배당 소득세	배당 소득세 15.4%	누적 후 인출 시 분리 과세
과세 시점	매 거래 시	인출 시 일괄 과세(세율 낮음)
세율 적용	금융소득종합과세 해당 가능(2,000만 원 이상 매매차익)	연금소득세(3.3~5.5%) 또는 기타소득세(16.5%)

※ 국내 상장 해외 ETF의 경우 매매차익을 배당 소득세로 분류

퇴직연금 자산을 연금 형태로 수령하면 3.3~5.5%의 낮은 연금소득세율이 적용되어 절세에 큰 도움이 됩니다. 반면 일시금

으로 찾을 때는 16.5%의 무거운 기타소득세율이 부과되므로, 인출 시점에는 반드시 연금 형태를 선택하는 것이 필요하죠.

결과적으로 퇴직연금 계좌를 활용한 ETF 투자는 장기적인 자산 증식과 세금 절감이라는 두 마리 토끼를 잡는 가장 효율적인 방법입니다. 투자 기간 내내 매매차익과 배당소득에 대한 과세 이연 혜택을 온전히 누리고, 훗날 연금 수령 시점에 낮은 세율까지 적용받기 때문이죠. 지금까지 배운 ETF의 장점을 바탕으로 꾸준히 우상향하는 포트폴리오를 구성하고 과세 이연 효과까지 현명하게 챙긴다면, 세금 부담은 획기적으로 줄이면서 안정적인 노후 자산을 완성할 수 있습니다.

[직장인 DC형 퇴직연금 계좌에서 ETF를 활용한 전략 구성]

항목	설명
투자 대상 ETF	성장형 지수 ETF, 배당형 지수 ETF
투자 기간	20년 이상
운용 전략	매월 분할 투자(전기적 리밸런싱)
인출 전략	60세 이후 연금 형태로 20년에 걸쳐 분할 수령
예상 절세효과	일반계좌 대비 세금 최소 30~40% 절감

은퇴 이후 세금 절세 저율 과세 제도란?

정부는 연간 수령액 1,500만 원을 기준으로 연금 세율에 엄격한 차이를 둡니다. 목돈을 한 번에 인출해 노후 대비라는 연금 제도의 본질이 훼손되는 것을 막기 위해서죠. 따라서 연 1,500만 원 이하로 꾸준히 나누어 받을 때만 든든한 저율 과세 혜택을 제공합니다. 다음의 표와 같이 수령 시점의 나이가 55~69세라면 5.5%, 70~79세는 4.4%, 80세 이상은 3.3%의 낮은 세금만 납부하면 됩니다.

반면, 연간 인출액이 1,500만 원을 초과하거나 일시금으로 수령할 경우에는, 그동안 쌓인 투자 수익과 배당금을 모두 합산해 종합과세 대상이 되거나 16.5%의 분리과세를 감수해야 하죠.

[2026년 연금수령액 구간별 세율 정리]

연금수령액	2026년
1,500만 원 이하	55세~69세: 5.5% 70세~79세: 4.4% 80세 이상: 3.3%
1,500만 원 초과	종합과세 또는 16.5% 분리 과세 선택

Q1. 퇴직연금 계좌에서 ETF 투자 손실이 나면 세금도 줄어드나요?

A1. 퇴직연금 계좌는 매매차익에 과세하지 않기 때문에 손실이 나도 세금이 줄어드는 구조는 아닙니다. 다만 수익이 나지 않으면 인출 시 과세액도 줄어듭니다. 원금 이하로 찾으면 세금이 발생하지 않을 수 있습니다.

Q2. 퇴직연금 계좌 내 ETF 매매는 자유로운가요?

A2. DC형과 IRP 계좌에서는 투자자가 직접 ETF를 매매할 수 있으며, 일반 증권계좌처럼 자유롭게 매수/매도할 수 있습니다. 위험자산 70% 안에서 자유롭게 투자할 수 있죠.

Q3. 과세 이연 말과 중도 인출 시 어떻게 되나요?

A3. 이러한 세제 혜택은 연금으로 받을 것을 전제로 합니다. 만약 연금 수령 요건을 갖추기 전에 중도에 찾거나 일시금으로 받으면, 16.5%의 기타소득세 등 높은 세율이 적용될 수 있으므로 신중히 결정해야 합니다.

Q4. 퇴직연금 계좌로 해외 ETF에 투자할 수 있나요?

A4. 해외 ETF를 직접 담을 수는 없고, 국내 상장 해외 ETF에 투자할 수 있습니다. (예 SOL 미국 다우존스)

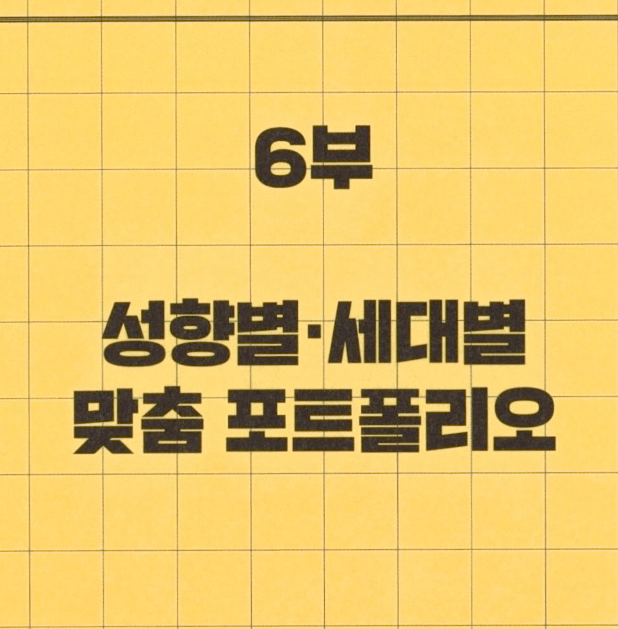

6부

성향별·세대별 맞춤 포트폴리오

나만의 맞춤형 투자 로드맵

'한 달 3분' 리밸런싱으로 투자 자동화하기

종일 바쁘게 일하고 귀가해 냉장고 속 즉석식품으로 대충 끼니를 때울 때 있으시죠? 투자도 마찬가지입니다. 일상에 치여 경제나 주식을 따로 공부하기가 현실적으로 쉽지 않죠. 그런 분들은 앞서 말씀드린 분할매수, 집중투자 방식으로 한 달에 단 하루, 3분만 증권 앱을 열어 매수하면 됩니다.

토스의 이승건 대표는 자신의 성공 비결에 대해 뜻밖에도 '운'이라고 답했습니다. 사람들은 그가 단번에 성공했다고 생각하지만, 사실 토스는 무려 아홉 번째 도전한 결과였습니다. 이승건 대표는 첫 번째나 아홉 번째나 그저 매일 똑같이 도전했을 뿐이라고 말합니다. 성공을 결과가 아닌 과정으로 바라본 거죠.

복리 투자 역시 마찬가지입니다. 처음 10년은 지루하고 고통스러울 수 있습니다. 하지만 이 느린 과정을 견뎌내며 아긴 시간과 에너지로 삶의 기반을 다진다면, 그 이후의 삶은 온전히 내 것이 됩니다.

이제 '실패하지 않는 투자 공식 6단계'를 따라 성향과 세대에 맞는 맞춤형 자산 포트폴리오를 구성해보겠습니다.

'공격형'은 SOXX + QQQ로
공격의 고삐를 당기기

투자 상담을 진행해보면 사람마다 투자 성향이 천차만별입니다. 결론부터 말씀드리면, 주식시장에서는 공격적인 사람보다 다소 소극적인 성향이 성공할 확률이 높습니다. 과거 워런 버핏은 투자를 잘하는 비결을 묻는 질문에 "감정 기복이 없는 사람이 유리하다"고 답하기도 했죠. 100년이 넘는 주식시장 역사상 언제나 통하는 정답이란 없지만, 생물처럼 요동치는 시장에서 냉철한 평정심을 유지하는 것이야말로 공포와 버블 구간을 버텨내고 복리의 과실을 얻을 수 있는 방법입니다.

시장은 종종 우리의 예상과 정반대로 움직입니다. 고용 지표가 좋게 나오면 경제 호황이라며 환호하다가도, 다음 날엔 금리 인하가 악재라며 주가가 급락하죠. 똑같은 재료도 매번 다르게 해석되기에 방향성을 예측해 투자하기가 더욱 어렵습니다.

이런 상황에서 공격적인 성향의 투자자에게 얌전히 시장지수 ETF만 모아가라고 조언한다면, 십중팔구 따르지 않을 것입니다. 타고난 기질을 억누르기란 무척 어려우니까요. 하지만 그 공격적인 본성을 그대로 투영해 무리한 레버리지를 일으키거나 테마주, 급등주만 쫓다가는 극심한 변동성을 견디지 못하고 결국 시장에서 밀려나고 맙니다. 따라서 실패 확률을 중화하면서도 높은 수익에 대한 갈증을 해소해줄 타협점이 필요합니다.

저는 그래서 나스닥 100 지수를 추종하는 QQQ와 미국 반도체 기업에 투자하는 SOXX를 각각 50%씩 담는 포트폴리오를 추천합니다. 개별 종목의 리스크는 최대한 덜어내고, 미래 기술의 집합체인 나스닥과 반도체의 폭발적인 성장성에 집중하는 전략이죠. 장기 평균 수익률과 최근 10년 수익률의 중간값을 적용해 미래 기대치를 산출해보면, QQQ는 연평균 약 15%, SOXX는 약 21%라는 훌륭한 기대 수익률을 보여줍니다. 이 강력한 우상향 포트폴리오 조합이 장기적으로 어떤 성과를 낼지, 다음의 시뮬레이션을 통해 직접 확인해보겠습니다.

QQQ+SOXX 전략	
나스닥 지수 추종 ETF QQQ	미국 반도체 기업 추종 ETF SOXX
투자 비중 50%	투자 비중 50%

초기 집중투자금은 5,000만 원, 매월 분할매수 금액은 50만 원으로 설정합니다. 반도체와 혁신 기술 산업이 향후 10년은 탄탄하게 우상향할 것으로 기대되므로, 투자 기간은 10년으로 잡았습니다. 만약 20년 장기 투자의 결과가 궁금하다면, 앞서 알려드린 복리 계산식으로 직접 계산해보시길 권합니다. 그 결괏값을 눈에 잘 띄는 곳에 붙여두고 늘 시각화하면 훌륭한 투자 동기가 될 것입니다. 그럼 이 조건들로 시뮬레이션 결과를 확인해보겠습니다.

[수익률 시나리오 비교]

QQQ ETF		SOXX ETF	
세팅 값	월 25만 원 적립식	세팅 값	월 25만 원 적립식
집중투자 금액	2,500만 원	집중투자 금액	2,500만 원
연복리 수익률	15%	연복리 수익률	21%
기간	10년	기간	10년

[QQQ ETF]

◉ 년　○ 월

년	원금 (₩)	수익 (₩)	최종 금액 (₩)
1	27,750,000	+3,956,250	31,706,250
2	34,706,250	+4,999,688	39,705,938
3	42,705,938	+6,199,641	48,905,578
4	51,905,578	+7,579,587	59,485,165
5	62,485,165	+9,166,525	71,651,690
6	74,651,690	+10,991,503	85,643,193
7	88,643,193	+13,090,229	101,733,422
8	104,733,422	+15,503,763	120,237,185
9	123,237,185	+18,279,328	141,516,513
10	144,516,513	+21,471,227	165,987,740

[SOXX ETF]

◉ 년　○ 월

년	원금 (₩)	수익 (₩)	최종 금액 (₩)
1	27,750,000	+5,538,750	33,288,750
2	36,288,750	+7,331,888	43,620,638
3	46,620,638	+9,501,584	56,122,221
4	59,122,221	+12,126,916	71,249,138
5	74,249,138	+15,303,569	89,552,707
6	92,552,707	+19,147,318	111,700,025
7	114,700,025	+23,798,255	138,498,281
8	141,498,281	+29,425,889	170,924,169
9	173,924,169	+36,235,326	210,159,495
10	213,159,495	+44,474,744	257,634,239

시뮬레이션 결과, QQQ는 원금 5,470만 원이 투입돼 최종
적으로 1억 6,500만 원으로 불어났고, 동일한 금액을 투자한
SOXX는 반도체 산업 특유의 높은 성장성 덕분에 이보다 디
큰 2억 5,700만 원이라는 결괏값을 보여주었습니다. 두 종목을
합친 총 원금은 1억 950만 원이며, 10년 뒤 최종 자산은 무려 4

ETF 불패의 법칙

억 2,300만 원에 달합니다.

미래 기술에 집중하는 조합인 만큼 이번 시뮬레이션 기간은 10년으로 한정했습니다. 장기적인 우상향이 기대되긴 하지만, 향후 반도체를 대체할 새로운 혁신 기술이 등장할 가능성도 염두에 두어야 하기 때문이죠. 만약 10년 뒤에도 반도체 산업의 주도권이 굳건하다면, 그때 투자를 10년 더 연장하면 됩니다. 복리의 특성상 투자 기간이 20년으로 늘어나면 수익률은 지금보다 훨씬 더 폭발적으로 높아질 것입니다.

'소극형'은 SCHD 단일 포트폴리오로 편안하게 방어하기

과거 한 부부의 투자 상담을 해준 적이 있습니다. 남편은 공격적 투자 성향이었고, 부인은 전형적인 소극적 투자 성향이었죠. 당시 인상 깊었던 부분은 보기 드물게 미래지향적 부부라는 점이었습니다. 투자 의견을 공유하고 미래를 준비하려는 의지가 매우 강했죠. 단 한 가지 특이점이라면, 남편이 경제 주도권을 가지고 있었고 부인은 작은 종잣돈으로 자신만의 투자를 하고 있었습니다. 총투자금을 100이라고 하면 남편이 투자금의 90%를 운영하고 부인은 10%의 투자금액을 운영하고 있었죠. 저를 찾아와 상담을 요청한 이유는 남편의 지나치게 공격적인 투자 성향 때문이었습니다. 저는 이런 성향을 초기에 적절히 조절하지 않으면, 레버리지 상품이나 테마주, 급등주를 좇다가 투자에 실패할 가능성이 높다고 말씀드렸습니다.

남편은 레버리지까지 끌어다 쓰며 유행하는 미래 기술주를 쫓는 투자를 해왔습니다. 정말 실력이 뛰어나 상승장 이전에 선점했다면 애초에 상담하러 오지도 않았을 것입니다. 그는 시장이 한창 과열되어 고점을 찍을 때 무리하게 빚을 내어 투자했습니다. 안타깝게도 자신의 문제를 전혀 인지하지 못한 채 계좌가 반토막(-50%) 났음에도 무작정 잘될 거라는 막연한 희망만 품고 있었죠.

반면 아내는 투자 관련 블로그와 책을 읽고, 여윳돈이 생길 때마다 오직 SCHD 한 종목만 꾸준히 분할매수했습니다. 이유를 묻자, 투자를 잘 모르는 소극적인 성향이라 전문가들이 공통으로 추천하는 안정적인 고배당 ETF를 선택했을 뿐이라고 답했습니다. 심지어 자녀들의 계좌에도 똑같이 SCHD만 모아가고 있었습니다. 그렇게 몇 년이 지나고 보니 결국 아내나 아이의 계좌 수익률이 가장 높았죠.

소극적인 성향의 투자자를 위한 포트폴리오는 무엇일까요? 바로 장기적인 우상향이 확실하면서도 든든한 배당금까지 챙겨주는 SCHD입니다. 우리는 일상에서 알게 모르게 브랜드 지배력이 강력한 미국 제품들을 소비하는데요. 이 독과점 기업들은 물가 상승으로 원자재 가격이 올라도 그 부담을 제품 가격에 전가할 수 있어 매출과 영업이익이 꾸준히 늘어나죠. 앞서 코카콜라 사례에서 보았듯, 10년 전 1,000원이던 콜라가 2,000원으로 오르면 이윤도 100원에서 200원으로 뜁니다. 이처럼 인플레이션을 방어하며 배당금도 함께 성장하는 구조죠.

SCHD는 바로 이런 독과점 기업과 배당 성장 기업들의 집합체입니다. 제가 다우지수 추종 ETF인 DIA보다 SCHD를 더 강력히 권하는 이유가 여기에 있습니다. 소극적인 투자자는 남들과 수익률을 비교하며 조바심을 내지 않기 때문에, 스트레스 없이 기계적인 분할매수와 집중투자라는 원칙을 가장 잘 실천할 수 있는 훌륭한 자질을 갖추고 있습니다.

[소극적 투자 성향 맞춤 ETF 포트폴리오]

SCHD 전략
배당 성장 기업 추종 ETF SCHD
투자 비중 100%

그럼 소극적 투자 성향을 위한 100% SCHD ETF 시뮬레이션을 통해 다시 한번 상기시켜보겠습니다. 2025년의 배당금은 3.8%였습니다. 3.8% 배당소득세 15%를 제외하고 평균 수익률 13.1% 배당금을 재투자했습니다. 집중투자 자금은 5,000만 원, 월 50만 원씩, 기간은 20년으로 잡았습니다.

[월 50만 원 적립식 투자 20년 복리 시뮬레이션]

SCHD ETF	
세팅 값	월 50만 원 적립식
초기 투자금액	5,000만 원
연복리 수익률	16.3%
기간	20년

◉ 년　○ 월

년	원금 (₩)	수익 (₩)	최종 금액 (₩)
1	55,500,000	+7,174,000	62,674,000
2	68,674,000	+8,965,664	77,639,664
3	83,639,664	+11,000,994	94,640,658
4	100,640,658	+13,313,130	113,953,788
5	119,953,788	+15,939,715	135,893,503
6	141,893,503	+18,923,516	160,817,019
7	166,817,019	+22,313,115	189,130,134
8	195,130,134	+26,163,698	221,293,832
9	227,293,832	+30,537,961	257,831,793
10	263,831,793	+35,507,124	299,338,917
11	305,338,917	+41,152,093	346,491,010
12	352,491,010	+47,564,777	400,055,787
13	406,055,787	+54,849,587	460,905,375
14	466,905,375	+63,125,131	530,030,506
15	536,030,506	+72,526,149	608,556,654
16	614,556,654	+83,205,705	697,762,359
17	703,762,359	+95,337,681	799,100,040
18	805,100,040	+109,119,605	914,219,646
19	920,219,646	+124,775,872	1,044,995,517
20	1,050,995,517	+142,561,390	1,193,556,908

　시뮬레이션 결과, 20년간 투입된 원금 1억 6,900만 원은 복리 효과에 힘입어 11억 9,000만 원의 자산으로 불어납니다. 월 100만 원 수준의 의미 있는 배당금은 투자 10년 차부터 발생하죠. SCHD는 이토록 마음 편한 투자처입니다. 꾸준히 쌓이는 배당금으로 가끔 여행을 떠나거나 필요한 곳에 여유롭게 활용할 수도 있죠.

상담을 하다 보면 반드시 정해진 매뉴얼대로만 해야 한다며 압박감을 느끼는 분들이 많습니다. 하지만 자산이 장기적으로 우상향한다는 확신만 있다면, 본인의 상황에 맞춰 유연하게 조절해도 괜찮습니다. 형편이 빠듯할 땐 투자금을 조금 줄이고, 여유가 생기면 다시 늘리면 됩니다. 결국 가장 중요한 것은 꺾이지 않는 꾸준함과 자신만의 투자 철학이니까요. 그렇기에 소극적인 성향의 투자자를 위한 최적의 포트폴리오는 단연 'SCHD 100%'입니다.

'중립형'은 SCHD + SOXX로 성장과 배당을 모두 잡기

안정성과 성장의 균형을 중시하는 중립적 성향의 투자자에게는 배당 성장 ETF인 SCHD와 미국 반도체 ETF인 SOXX를 50%씩 나누어 기계적으로 분할매수하는 포트폴리오를 제안합니다. 중립적 성향은 무조건 공격적이지는 않지만, 내면에는 안정감과 높은 수익을 동시에 거머쥐려는 열망이 굳건히 자리하고 있죠.

사실 이 글을 쓰는 저 역시 중립적 투자자입니다. 저는 시장을 지나치게 비관하지도, 맹목적으로 낙관하지도 않습니다. 그저 어떻게 하면 변동성을 견디며 수익을 극대화할 수 있을지 끊임없이 고민하죠. 수많은 상담과 고민 끝에 찾은 해답은 바로 자본의 우상향을 굳게 믿고 시간의 복리 효과를 온전히 누리는 것이었습니다.

든든한 배당 성장 기업들이 모인 SCHD를 통해 현금 흐름과 계좌의 안정성을 확보하는 동시에, 미래 산업의 심장인 반도체 기업을 추종하는 SOXX로 폭발적인 성장성까지 챙기는 전략이죠. 과거에는 전통 산업이 성장을 주도했다면, 앞으로의 미래는 모든 첨단 기술의 핵심인 반도체가 이끌어갈 것이니까요. 미래를 완벽히 예측할 순 없겠지만, 수익과 방어라는 두 마리 토끼를 모두 잡고 싶은 투자자에게 SCHD와 SOXX의 50 대 50 조합은 가장 마음 편하고 훌륭한 대안이 될 것입니다.

[중립형 투자 성향 맞춤 ETF 포트폴리오]

SCHD+SOXX 전략	
배당 성장 기업 추종 ETF SCHD	미국 반도체 기업 추종 ETF SOXX
투자 비중 50%	투자 비중 50%

그럼 앞서 제안한 중립적 투자자를 위한 SCHD와 SOXX 조합의 시뮬레이션을 통해 미래의 자산 우상향 곡선을 직접 그려보겠습니다.

우선 SCHD는 2025년 기준 3.8%의 배당률을 기록했습니

 ETF 불패의 법칙

다. 여기서 배당소득세 15%를 제외한 실질 배당금을 장기 평균 수익률 13.1%에 꾸준히 재투자한다고 가정하면, 연평균 약 16.3%의 기대 수익률이 산출됩니다. 미국 반도체 ETF인 SOXX는 산업이 폭발적으로 성장한 최근 10년 평균 수익률(30%)과 상장 이후 연평균 수익률(12.3%)의 중간값인 21%를 적용해 시뮬레이션하겠습니다.

앞선 공격적 투자 성향 파트에서는 기술 변화의 변수를 고려해 반도체 ETF의 투자 기간을 10년으로 짧게 잡았지만, 이번에는 장기적인 미래를 한눈에 비교하기 위해 SCHD와 똑같이 20년의 기간을 두겠습니다. 같은 시간 동안 두 자산이 어떻게 조화를 이루며 성장하는지 선명하게 그려보기 위함이죠. 물론 이 수치가 미래를 100% 보장하는 것은 아니지만, 눈부시게 불어날 자산을 미리 시각화해보는 것만으로도 든든한 투자의 원동력이 될 것입니다.

[SCHD·SOXX ETF 투자 조건 비교]

SCHD ETF		SOXX ETF	
세팅 값	월 25만 원 적립식	세팅 값	월 25만 원 적립식
집중투자 금액	2,500만 원	집중투자 금액	2,500만 원
연복리 수익률	16.3%	연복리 수익률	21%
기간	20년	기간	20년

[SCHD ETF]

● 년　○ 월

년	원금 (₩)	수익 (₩)	최종 금액 (₩)
1	27,750,000	+4,299,125	32,049,125
2	35,049,125	+5,488,882	40,538,007
3	43,538,007	+6,872,570	50,410,578
4	53,410,578	+8,481,799	61,892,377
5	64,892,377	+10,353,332	75,245,709
6	78,245,709	+12,529,926	90,775,635
7	93,775,635	+15,061,303	108,836,938
8	111,836,938	+18,005,296	129,842,234
9	132,842,234	+21,429,159	154,271,393
10	157,271,393	+25,411,112	182,682,505
11	185,682,505	+30,042,123	215,724,629
12	218,724,629	+35,427,989	254,152,618
13	257,152,618	+41,691,752	298,844,370
14	301,844,370	+48,976,507	350,820,877
15	353,820,877	+57,448,678	411,269,555
16	414,269,555	+67,301,813	481,571,368
17	484,571,368	+78,761,008	563,332,376
18	566,332,376	+92,088,052	658,420,428
19	661,420,428	+107,587,405	769,007,833
20	772,007,833	+125,613,152	897,620,984

[SOXX ETF]

● 년　○ 월

년	원금 (₩)	수익 (₩)	최종 금액 (₩)
1	27,750,000	+5,538,750	33,288,750
2	36,288,750	+7,331,888	43,620,638
3	46,620,638	+9,501,584	56,122,221
4	59,122,221	+12,126,916	71,249,138
5	74,249,138	+15,303,569	89,552,707
6	92,552,707	+19,147,318	111,700,025
7	114,700,025	+23,798,255	138,498,281
8	141,498,281	+29,425,889	170,924,169
9	173,924,169	+36,235,326	210,159,495
10	213,159,495	+44,474,744	257,634,239
11	260,634,239	+54,444,440	315,078,679
12	318,078,679	+66,507,773	384,586,452
13	387,586,452	+81,104,405	468,690,857
14	471,690,857	+98,766,330	570,457,187
15	573,457,187	+120,137,259	693,594,446
16	696,594,446	+145,996,084	842,590,529
17	845,590,529	+177,285,261	1,022,875,791
18	1,025,875,791	+215,145,166	1,241,020,957
19	1,244,020,957	+260,955,651	1,504,976,608
20	1,507,976,608	+316,386,338	1,824,362,945

시뮬레이션 결과, 20년 뒤 SCHD는 8억 9,700만 원, SOXX는 18억 2,000만 원으로 불어났습니다. SOXX가 20년 내내 지금의 압도적인 수익률을 유지하기는 어려울 수 있지만, 두 자산의 명확한 비교를 위해 동일한 기간을 적용했습니다.

결과를 보면 두 자산 모두 훌륭한 성과를 보였지만, 단 5%의 연평균 수익률 차이가 복리 효과가 누적되는 후반부로 갈수록 극명한 자산 격차를 만들어냈습니다. 이 차이만 보면 '수익률이 훨씬 높은 SOXX에만 투자하는 게 낫지 않나?'라는 유혹에 빠지기 쉬운데요. 시뮬레이션은 어디까지나 과거 데이터를 바탕으로 한 예측일 뿐이니, 한쪽으로 치우치는 것보다 든든한 배당을 주는 SCHD와 변동성은 있지만 폭발적인 성장이 기대되는 SOXX를 절반씩 섞어 투자하는 것이 가장 이상적입니다.

20대 불패 공식: 시간이라는 강력한 레버리지 풀가동하기

저는 남들과 조금 다른 궤적을 그렸습니다. 남들은 은퇴 후 장사를 시작할 때 저는 26살에 일찌감치 경험했고, 27살부터 생존을 위해 주식 투자를 시작했죠. 13년간 험난한 제약 영업 현장에서 매달 쏟아지는 매출 압박을 견뎌야 했습니다. 당시에는 그저 고통인 줄로만 알았던 시련들이, 돌이켜보면 저를 단단하게 성장시켰습니다. 고통을 어떻게 받아들이냐에 따라 삶의 방향은 완전히 달라집니다.

저는 청년들을 만날 때마다 "우리는 모두 태어날 때부터 시간 부자다"라고 강조합니다. 누구에게나 시간은 공평하게 주어집니다. 부모나 사회, 환경을 탓하기보다 그 귀한 시간을 어떻게 활용할지, 남들과의 비교를 끊어내고 나만의 속도를 어떻게 찾아갈지 치열하게 고민해야 합니다.

방송인 이경규 씨는 한 예능 프로그램에서 "전 재산을 내놓고라도 20대로 돌아가고 싶다"고 말했습니다. 저 역시 지금의 지혜만 유지할 수 있다면 무일푼이어도 기꺼이 20대로 돌아갈 것입니다. 청년들은 행복을 위해 돈을 갈망하지만, 인생을 먼저 살아본 어른들은 돈을 포기해서라도 젊음을 원합니다. 참 아이러니한 일이죠.

젊은 시절에 시간과 돈을 모두 가지려면 어떻게 해야 할까요? 핵심은 세상이 정해놓은 왜곡된 잣대를 버리는 것입니다. 남의 기준에 끌려다니면 평생 답답함 속에서 살게 됩니다. 막대한 '시간 자본'을 최대한 활용해, 내 삶의 우상향 곡선을 탄탄하게 설계하는 연습을 지금 당장 시작해야 합니다.

극단적인 두 가지 삶을 비교해보겠습니다. 한쪽은 빚을 갚느라 평생 행복을 유예하는 '부채의 삶'이고, 다른 한쪽은 현금흐름을 창출하며 여유롭게 성장하는 '유동성의 삶'입니다. 42살에 은퇴해 투자자이자 작가로 살아보니, 정답은 철저히 후자에 있었습니다.

하지만 결혼을 앞둔 청년들과 상담해보면 대부분 사회가 정한 틀에 갇혀 있습니다. 남들의 시선을 의식해 무리하게 영끌하여 신혼집부터 마련하려고 하죠. 저는 "아이를 낳기 전까지는 작은 원룸 월세에서 시작해도 좋으니 절대 무리해서 집을 사지 말라"고 강력히 경고합니다. 자본도 없이 수억 원의 대출을 받아 집을 사면, 매달 원리금으로만 수백만 원이 빠져나갑니다. 돈을 불릴 종잣돈이 모두 은행 이자로 사라지니 자산의 성장 가능성은 0이 되죠. 빚의 노예로 끌려다니다 은퇴 시기가 닥치면, 결국 집을 팔고 자영업에 뛰어들었다가 폐업과 노후 파산이라는 비극을 맞이할 확률이 높습니다. 타인의 시선이라는 허상을 좇아 첫 단추를 잘못 끼운 대가입니다.

반면, 20대부터 틈틈이 경제 공부를 하며 작은 종잣돈으로 미국의 배당 성장 ETF인 SCHD를 꾸준히 모아간 청년이 있다고 가정해봅시다. 이들은 타인의 시선 대신 성장을 택합니다. 결혼 후 작은 원룸에서 월세로 시작하되, 잉여 자금을 모두 투자에 쏟습니다. 5년 뒤 자산이 4억 원으로 불어나면 매월 약 100만 원의 배당금이 나옵니다. 이 배당금으로 월세를 충당하고, 맞벌이 소득으로 계속해서 재투자합니다. 현금 흐름이 풍부해지니 굳이 행복을 뒤로 미루지 않고 여유롭게 여행도 다니고요. 10년 뒤 자산은 10억 원을 돌파하고 월 배당금은 300만 원 수준으로 뛰어오릅니다. 아이가 태어나 지출이 늘어도 경제적 아쉬움이 없습니다. 이것이 바로 부채에 끌려다니지 않고 스스로 삶의 주도권을 쥐는 '유동성의 삶'입니다.

《돈의 속성》 김승호 회장도 이른 나이의 투자를 강조하면서 "일찍 시작할수록 더 좋다. 만약 10대나 20대부터 이렇게

　　　　　　　　　　　　　　ETF 불패의 법칙

산업을 보는 눈을 키워가면서 직장 생활 중에도 끊임없이 투자를 이어간다면, 40세 정도면 자본이 근로 소득을 앞서는 날이 올 것이다. 동료들은 그때부터 꺾이겠지만 당신은 자유를 얻는 부자가 되어 있을 것이다"라고 말했죠.

우리는 진학, 취업, 결혼 등 인생의 중요한 순간마다 무리지어 타인의 기준을 따라갑니다. 하지만 세상의 시선과 거꾸로 살아본 결과, 대중이 정답이라 믿는 그 길에는 너무나 많은 오류가 숨어 있었습니다. 내 삶을 주도적으로 개척해야 합니다. 젊을수록 하루라도 빨리 투자를 시작해야 하며, 아무리 작은 종잣돈이라도 소중히 여겨 자산을 굴려나가야 합니다. '이 적은 돈으로 뭘 하겠어'라며 지레 포기하는 사람은 평생 남이 정해준 궤도를 벗어날 수 없습니다. 일단 시작하는 사람에게만 복리가 가져다주는 진정한 자유가 기다리고 있습니다.

> **제이투 작가가 젊은 세대들에게 전하는 조언**
>
> 첫째. 부채와 자본을 이해해야 합니다. 부채는 빠져나가고 자본은 흘러들어옵니다.
>
> 둘째. 남의 기준이 아닌 자산의 기준으로 사세요. 만남에 있어 불필요한 질문을 하는 사람들과 멀어져야 합니다. 그들은 잘못된 길을 가고 있으니까요.

셋째. 내 시간을 믿고 자신을 사랑해야 합니다. 나를 긍정적으로 인식한다면 발전 가능성이 크지만, 나를 단점으로 인식하면 삶은 점점 더 왜곡됩니다. 힘들지만 시간과 나를 믿고 우상향의 삶을 살아가야 합니다. (여러분은 이미 '시간 부자'입니다.)

넷째. 멘토를 만나세요. 친구들에게 고민을 털어놓는 것도 좋지만, 경험이 없는 사람은 정확한 해답을 줄 수 없습니다. 우리는 나도 모르게 경험이 없는 사람에게 고민을 털어놓습니다. 그리고 부정적인 반응에 하고자 하는 일들을 뒤로 미루게 되죠. 지금 생각하는 그것을 실패하더라도 시작하세요. 그리고 관련 멘토를 찾아가세요. (찾기 힘들다면 저를 찾아오세요.)

30·40대 증식 공식:
자산의 허리를 세우는
SCHD+SOXX 퇴직금 세팅법

42세, 저는 스스로 퇴사를 결정해 자유로운 삶을 선택했지만, 동갑내기 친구는 몸담고 있던 광고업계에서 갑작스러운 해고를 통보받았습니다. 무엇이 같은 나이에 우리 두 사람의 삶을 이토록 극명하게 갈라놓은 것일까요? 친구는 가족을 건사하기 위해 평생 해본 적 없는 택배 일에 뛰어들었습니다. 업무용 택배차를 사고 매일 밤 11시가 넘도록 홀로 운전대를 잡았죠. 친구는 택배 일이 이렇게 고된 줄 미처 몰랐다며 한숨을 쉬곤 했습니다.

얼마 후, 친구에게서 중환자실에 누워 있는 사진 한 장과 짧은 문자가 도착했습니다. 배송 업무 중 갑자기 눈앞이 깜깜해지고 숨이 막혀와 119에 신고한 뒤 차에 쓰러져 있었다는 내용이었습니다. 가빠오는 숨과 심장을 쥐어뜯는 고통 속에서도 다행히 빠른 조치 덕분에 무사히 수술을 받을 수 있었습니다. 병명은 급성 심근경색이었습니다. 친구는 오랜 직장 생활 내내

사무실에 앉아 밀려오는 광고 업무를 기계적으로 처리하느라 운동과는 거리가 멀었습니다. 집과 회사만 오가던 중 갑작스러운 실직을 맞으며 몸과 마음이 한꺼번에 무너져 내린 것이었습니다.

앞만 보고 달려왔는데 세상이 이토록 냉정할 줄은 몰랐다며, 친구는 자본을 공부해야 한다는 제 말이 그제야 뼛속 깊이 실감 난다고 토로했습니다. 일주일 뒤, 저는 친구를 만나러 병원으로 향했습니다. 그의 처절한 심정을 온전히 다 헤아릴 수는 없겠지만, 제가 수많은 위기를 넘기며 얻은 자본의 지혜와 경험을 온전히 전해주기 위해서였습니다.

저는 친구에게 이렇게 말해주었습니다.

42살에 이런 위기를 겪은 것이 어쩌면 다행인지도 몰라.
만약 60살에 지금과 같은 일을 겪었다면, 다시 일어서기가
훨씬 더 힘들었을 거야.
과거에 대한 후회와 미래에 대한 불안이 한꺼번에 밀려오겠
지만, 지금은 그 모든 생각보다 단 하나에만 집중하자.
물론 쉽지 않겠지만, 하루의 루틴을 만들고 오늘 하루만 버텨
보는 거야.
하루가 내일이 되고, 그 하루들이 차곡차곡 쌓이다 보면 지금
의 고통도 어느새 한참 멀어져 있을 거야.

지금 할 수 있는 일부터 하나씩 해나가면 돼.

사람은 무너졌을 때 거창한 결심으로 일어서는 것이 아니라,

할 수 있는 작은 일들을 다시 시작하면서 조금씩 일어서는

법이니까.

42세, 치열하게 직장 생활을 해온 저와 친구의 삶을 극명하게 갈라놓은 차이는 바로 '경제 공부'였습니다. 저는 15년간 숱한 실패 속에서도 포기하지 않고 자본의 흐름과 현금 유동성을 만드는 법을 익힌 반면, 친구는 만날 때마다 돈 공부를 하겠다고 말만 할 뿐 늘 실행을 미뤘죠. 인간은 본능적으로 낯설고 고통스러운 일을 회피하려 하는데, 이를 '도마뱀의 뇌'가 작동하기 때문이라고 설명합니다. 하지만 자본주의 사회에서 두려움 때문에 준비를 회피한 대가는 결국 자신에게 가장 매서운 화살로 돌아옵니다.

30대와 40대는 이제 인생의 후반전을 진지하게 준비해야 할 시기입니다. 지금까지의 삶에 뚜렷한 변화가 없었다면 멈춰서서 지난날을 돌아보고, 환경을 바꾸며, 해보지 않았던 일에 과감히 도전해야 합니다. 그 위대한 첫걸음이 바로 ETF 투자입니다. 친구의 이야기가 다소 무겁게 들리겠지만 세상 밖으로 나가면 마주하게 될 냉혹한 현실입니다. 우리 모두 50대 전후로는 온실 같은 회사를 떠나 홀로 세상과 맞서 스스로 삶을 개

척해야 하기 때문입니다.

　평생직장의 개념이 사라진 요즘, 서른은 투자를 시작하기에 결코 이른 나이가 아닙니다. 50대 은퇴를 가정하면 월급을 받을 수 있는 기간이 20년도 채 남지 않았습니다. 하지만 30대에게는 아직 복리의 마법을 누릴 절대적인 '시간'이 있습니다. 따라서 30대를 위해서는 무리한 공격적 투자보다, 안전하게 복리 수익을 극대화할 수 있는 SCHD와 그 한국판인 SOL 미국배당다우존스(H)를 활용한 퇴직금 포트폴리오를 추천합니다.

　신한자산운용에서 운용하는 SOL 미국배당다우존스(H)는 연 2.92% 수준의 든든한 배당금과 0.05%라는 저렴한 수수료가 장점입니다. 지급되는 배당금을 꾸준히 재투자하면 자산은 시간이 갈수록 눈덩이처럼 불어납니다. 여기에 55세 이후 연금 수령 시 누릴 수 있는 과세 이연 혜택과 저율 과세까지 영리하게 활용한다면, 30대라는 젊음의 무기를 십분 발휘해 가장 완벽하고 든든한 은퇴를 준비할 수 있습니다.

[ETF 투자와 퇴직금 관리 포트폴리오 비교]

ETF 투자	퇴직금 관리
다우지수 추종 ETF SCHD 100%	SOL 미국배당 다우존스(H) 100%

퇴직금을 투자할 때는 SOL 미국배당 다우존스의 환율 영향을 함께 고려할 필요가 있습니다. 장기 투자 상품인 만큼 환율 변동의 영향을 받을 수 있기 때문입니다. 수수료는 SOL 미국배당 다우존스가 0.01%, SOL 미국배당 다우존스(H)가 0.05%이며, 배당률도 SOL 미국배당 다우존스가 2.96% 수준으로 큰 차이가 나지 않습니다. 이런 점을 감안하면, 고환율 기조가 이어지는 상황에서는 환 헤지형 상품을 통해 환율 변동 위험을 줄이는 선택이 오히려 더 합리적일 수 있습니다.

40대를 위한 일반 계좌는 든든한 배당을 주는 SCHD(50%)와 향후 10년의 폭발적 성장이 기대되는 SOXX(50%) 조합으로 수익 극대화를 노려볼 만합니다. 퇴직금 계좌는 지금도 늦지 않았으니 한국판 SCHD인 SOL 미국배당다우존스(H)로 단단하게 설계하고요.

구체적인 기대 수익은 앞선 시뮬레이션 결과를 다시 한번 참고하시면 됩니다. 본인의 투자 성향에 맞춰 일반 계좌의 SCHD와 SOXX 비중을 유연하게 조절하는 것은 괜찮습니다. 단, 은퇴의 최후 보루인 퇴직금만큼은 절대 흔들림 없이 SOL 미국배당다우존스(H)로 고정해 안전하게 지켜내야 합니다.

[ETF 투자·퇴직금 관리 자산 배분안]

ETF 투자	퇴직금 관리
다우지수 추종 ETF SCHD 50% 미국 반도체 기업 추종 ETF SOXX 50%	SOL 미국배당 다우존스(H) 100%

50대 은퇴 공식: 마지막 스퍼트를 올리는 SOXX 퇴직금 세팅법

드라마 〈서울 자가에 대기업 다니는 김 부장 이야기〉에는 퇴사를 결심한 김 부장이 월 수익 3,000만 원의 건물주 친구와 편의점에서 대화하는 장면이 나옵니다. 여기서 '월 3,000만 원'은 퇴직자가 마주하는 현실의 불안과 투자 사기의 위험성을 극명하게 드러내는 장치입니다. 대기업 부장 시절 월 800만 원을 받던 그는 퇴사 후 재취업 시장에서 '월 200만 원에 성과급'이라는 냉혹한 현실과 마주합니다. 그 엄청난 괴리감을 견디지 못한 김 부장은 상가 투자로 월 1,000만 원을 벌 수 있다는 허황된 광고에 눈을 돌립니다. 건물주 친구는 흔들리는 김 부장에게 절대 딴생각하지 말라고 경고하지만, 월 200만 원으로 전락했다는 조급함에 눈이 먼 그는 퇴직금에 대출까지 끌어모아

10억 원짜리 상가를 덜컥 매입합니다. 얼마 지나지 않아 그 투자가 사기임이 밝혀지고, 김 부장은 결국 노후 파산이라는 비극을 맞습니다. 저는 이 이야기가 결코 남의 일이 아니라고 생각합니다. 회사라는 울타리 밖의 생리를 모른 채 무작정 세상에 던져졌을 때 얼마나 무서운 일들이 벌어지는지 똑똑히 보여주기 때문입니다.

막상 퇴사하고 나면 할 수 있는 일이 주식 투자, 치킨집 창업, 상가 투자 정도로 몹시 제한적이라는 사실을 깨닫게 됩니다. 건물주 친구의 경고처럼, 자본주의의 냉혹한 속성을 모른 채 회사 밖으로 나오면 피 같은 퇴직금은 순식간에 사기꾼들의 먹잇감이 되고 맙니다. 수익성 낮은 프랜차이즈 창업에 무리하게 뛰어들거나, 고수익을 미끼로 한 상가 투자의 유혹에 빠지기 십상이죠. 투자를 제대로 공부해본 적이 없으니 이른바 '리딩방'이나 사기성 컨설팅에 속아 전 재산을 잃는 구조에 갇히는 것입니다. 저는 퇴직을 앞둔 50대에게 은퇴 직후 섣불리 장사에 뛰어들지 말라고 강력히 당부합니다. 장사는 90%가 실패하는 냉혹한 게임입니다. 아무런 준비 없이 자본주의의 늑대들에게 희생당하기보다는, 한발 물러서서 충분히 고민하고 뛰어들어도 절대 늦지 않습니다.

은퇴가 코앞으로 다가온 50대라면 가장 먼저 남에게 보여주기 위한 과시형 소비를 하고 있지 않은지 철저히 점검해

  ETF 불패의 법칙

야 합니다. 이는 선택이 아닌 생존을 위한 필수 요건입니다. 30~40대보다 상대적으로 소득이 높은 시기인 만큼, 불필요한 지출을 통제해 집중투자 자금을 최대한 확보하고 단 50만 원이라도 당장 투자해야 합니다. 은퇴까지 남은 시간이 길어야 10년 남짓이므로, 50대의 일반 계좌는 수익 극대화를 위해 미국 반도체 ETF인 SOXX에 100% 비중으로 설계할 것을 권합니다. 반면 소중한 퇴직금은 SOL 미국배당다우존스(H)로 교체해 남은 시간 동안 안전하게 굴려나갑니다. 그리고 은퇴 시점이 오면 극대화된 자산을 모두 현금화해 배당 성장 ETF인 SCHD로 포트폴리오를 일원화하면 됩니다.

각자의 퇴직금 규모나 준비 기간에 따라 차이는 있겠지만, 섣불리 프랜차이즈 창업에 목돈을 밀어 넣는 것보다 배당금이라는 든든한 현금 흐름을 만들어 '시간'을 버는 전략이 훨씬 유효합니다.

부동산을 보유하고 있다면 이를 현금성 자산으로 전환해 배당 시스템을 세팅하는 방법도 적극 고민해봐야 합니다. 장사에 실패하면 모든 자금과 시간, 공간이 묶여버려 재기할 방법이 없지만, 배당금으로 치환된 자본은 쉽게 사라지지 않습니다. 이 탄탄한 자본을 바탕으로 다음 인생을 차분히 설계할 시간을 확보하시기 바랍니다.

ETF 투자	퇴직금 관리
미국 반도체 기업 추종 ETF SOXX 100%	SOL 미국배당 다우존스(H) 100%

최종 목표를 향한 등대, '시각화' 전략

《돈의 속성》의 저자 김승호 회장은 성공의 핵심 비결로 '시각화'를 꼽았습니다. 왜 시각화가 그토록 중요할까요? 우리의 뇌는 본능적으로 무언가를 장기간 기억하는 데 매우 취약합니다. 눈코 뜰 새 없이 바쁜 일상을 보내다 보면 당장 오늘 해야 할 일조차 깜빡하기 일쑤인데, 하물며 아득히 먼 장기 목표나 꿈은 뇌리에서 더욱 쉽게 희미해질 수밖에 없습니다.

인지과학에서 말하는 단기 기억은 수 초에서 수 분 사이 잠시 정보를 붙잡아두는, 마치 컴퓨터의 램(RAM)과 같은 임시 작업대입니다. 이 임시 저장소의 정보는 금세 휘발되지만, 끊임없이 되뇌고 반복하는 시연(rehearsal) 과정을 거치면 비로소 영구적인 장기 기억으로 넘어갑니다. 우리가 적어둔 목표를 시각화해 반복적으로 들여다보아야만 그 꿈이 장기 기억으로 각인되어 과거의 나와 미래의 나를 단단하게 이어줄 수 있습니다. 그리고 이 과정에서 가장 강력한 다리 역할을 하는 매개체가 바로 '기록'이죠. (목표 시각화)

[기록과 시각화의 중요성]

연결 고리
단기기억 → 기록·시각화(매개체) → 장기기억
과거   현재   미래

성공은 튼튼한 집을 지어 올리는 과정과 같습니다. 목표를 현실로 만들려면 과거의 기록을 징검다리 삼아 미래로 연결해야만 합니다. 기록이라는 매개체 없이 머릿속으로만 생각하는 목표는 단기 기억에 머물다 금세 사라져버리고, 결국 결과로 나아가는 다리가 끊어지고 맙니다. 따라서 우리는 단기 기억을 장기 기억으로 무사히 옮겨줄 시각화의 도구가 반드시 필요합니다.

ETF 불패의 법칙

[제이투 작가의 복리표를 통한 시각화 전략]

구분	기간	금액	목표 금액	비고
현재	3년	28,800	34,560	달성
	4년	34,560	41,472	
	5년	41,472	49,766	
	6년	49,766	59,719	
	7년	59,719	71,663	
	9년	71,663	85,996	
	10년	**85,996**	**103,195**	**10억**
	11년	103,195	123,834	
	12년	123,834	148,601	
	13년	148,601	178,322	
	14년	178,322	213,986	
	15년	**213,986**	**256,783**	**25억**
	16년	256,783	308,140	
	17년	308,140	369,768	
	18년	369,768	443,722	
	19년	443,722	532,466	
	20년	**532,466**	**638,959**	**63억**
	21년	638,959	766,751	
	22년	766,751	920,102	
	23년	**920,102**	**1,104,121**	**110억**
		연평균 20% 목표	**장기복리표**	

목표

1. 목표는 경제적 자유.
2. 빨리 도달하는 목표는 없다.
3. 10년을 한결같이 해낸다.
4. 지치지 않고 이겨낸다.
5. 돈을 일하게 하라.
6. 소비의 흐름에 주목하라.
7. 확장성 있는 기업에 투자하라.
8. 사람들에게 가치 있는 일을 하자.
9. 오늘을 행복하게!

100억 달성했다.
전진이 아닌 역진한다.

나는 시간적 자유를 꿈꾼다.
7년 뒤 20억을 모은다.
월 1,000만 원 고정적 파이프라인을 만든다.
타인을 위해 도움이 되는 일을 한다.
조급해하지 말고 탄탄하게 나아간다.

제가 이 책에서 시각화를 이토록 강조하는 이유는 우리의 목표가 기나긴 장기 투자이기 때문입니다. 기록하고 시각화하지 않으면, 내가 지금 올바른 길로 가고 있는지 확신할 수 없습니다. 수많은 사람이 투자를 중도에 포기하는 결정적인 이유 역시 과거의 다짐과 현재의 행동, 미래의 목표가 하나의 선으로 연결되지 않기 때문입니다. 저 또한 3년 전부터 부자가 되기 위한 포트폴리오와 복리표를 만들어 매일 눈으로 확인하며 흔들림 없이 나아갔고, 그 결과 장기 계획의 80% 이상을 달성하는 놀라운 성과를 거두었습니다.

특히 이 책은 20년이라는 긴 호흡의 복리 시뮬레이션을 통해 미래의 자산이 어떻게 불어나는지 구체적으로 예상하는 훈련을 담고 있습니다. 그러므로 나만의 복리표를 직접 만들어 시각화하는 과정은 선택이 아닌 필수입니다. 계획보다 일찍 목표에 도달한다면 감사할 일이고, 조금 더디더라도 자산이 우상향 곡선을 그리고 있다면 올바른 방향으로 순항하고 있다는 증거입니다. 자산이 복리로 굳건하게 자라난다는 확신만 든다면 상황에 따라 유연하게 투자금을 조절할 수 있고, 때로는 내 삶의 진정한 행복을 위해 그 과실을 기꺼이 꺼내어 써도 좋습니다.

[복리표 시각화 전략]

1. 성향별. 나이별 분석을 통해 나만의 포트폴리오 만들기

2. 분할매수, 집중투자 금액 목표 정하기 (구체적으로 얼마)

3. 몇 년을 목표로 할 것인지 정하기 (구체적으로 몇 년)

4. 매달 얼마의 자산을 투자하는지 투자 노트 만들어 적기

5. 복리표를 만들어 가장 잘 보이는 곳에 붙이기

6. 시각화를 통해 꾸준히 미래와 연결하기

ETF 투자로 빠른 성공보다
'탄탄한 성장'을 이루다

마흔을 지나 경제적 자립에 도달하며, 남들보다 조금 일찍 '인생 후반전'을 맞이했습니다. 젊은 시절 유일한 목표는 오직 경제적 자유를 빨리 얻는 것이었습니다. 프랜차이즈 시스템을 꿈꾸며 장사에 뛰어들기도 했고, 이른 나이에 투자로 꽤 큰돈을 만지기도 했습니다. 매일 간절히 바라던 경제적 자유가 곧 손에 잡힐 듯했습니다. 하지만 단 한 번의 투자 실패로 자산의 80%가 며칠 만에 허공으로 사라졌죠. 세상이 무너져 내리는 듯했습니다. 아이는 어린데 더 잘 살아보려던 선택이 도리어 가족을 벼랑 끝으로 내몰았다는 죄책감에 뜬눈으로 밤을 지새우기도 했습니다.

하지만 저는 주저앉는 대신 다시 일어섰습니다. 간절히 부자가 되고 싶었지만, 기존의 조급한 방식으로는 또 실패할 것이 뻔했습니다. 그때부터 워런 버핏의 저서를 독파하고 성공한 이들의 궤적을 쫓으며 깊은 통찰을 얻었습니다. 진짜 부자들이 말하는 성공 방정식은 '빠른 성공'이 아니라 '탄탄한 성장'이라는 것을요.

물론 운이 좋다면 단기간에 성공할 수도 있습니다. 그러나 기초가 부실한 성공은 내성이 없어 작은 위기에도 쉽게 허물어집니다. 반면 우상향의 삶을 탄탄하게 설계하면, 계단을 오를 때마다 다리에 근육이 붙듯 거센 위기를 버텨낼 힘이 자라납니다. 마른 모래만 모아 서둘러 쌓은 모래성은 옅은 바람에도 흩어지지만, 바닷물로 단단히 다져 올린 성은 거센 파도에도 무너지지 않습니다. 자산 형성의 원리도 이와 같습니다. 빨리 돈을 벌겠다는 조급함은 결국 '부의 함정'으로 이끌 뿐입니다. 성공을 위해 현재를 무조건 희생한다면, 훗날 돈이 많아져도 늙은 육체로는 아무것도 누릴 수 없습니다. 가장 지혜로운 삶은 성장과 행복을 동시에 챙기며 우상향하는 궤도를 그리는 것입니다.

투자와 삶의 우상향이 보장된다면 우리는 매 순간을 온전히 누리며 살아갈 수 있습니다. 50세에 은퇴하더라도 평균 수명인 80세까지 무려 30년의 세월을 더 살아야 합니다. 이것이 바로 우리가 워런 버핏처럼 복리의 삶을 추구해야 하는 이유입니다. 단기전의 승자는 많지만, 장기전으로 시야를 넓히면 90% 이상이 시장에서 떨어져 나갑니다. 버핏이 90세가 훌쩍 넘어서까지 현역으로 남은 이유는 투자를 '평생의 업'으로 대했기 때문입니다.

AI와 로봇 기술의 발달로 은퇴 시기는 갈수록 앞당겨지고 있습니다. 이제 자본가가 되겠다는 결심은 생존을 위한 1순위이자 평생 직업입니다. 늙어가는 육체에 기댄 노동 수익은 예기치 못한 변수 앞에 쉽게 무너질 수 있습니다. 하지만 자본은 나 대신 쉬지 않고 일합니다. 자동 수익이 흘러 들어오는 시스템을 구축한다면, 시간과 노동에 얽매이지 않는 완벽한 '평생 직장'을 얻을 수 있습니다. 누구에게나 육체의 힘을 잃고 자본의 힘으로 살아가야 할 시기가 반드시 찾아옵니다. 일찍 준비할수록 미래의 근심은 사라집니다.

이 책은 때론 게으르게 보일 만큼 단순한 투자 구조를 통해 여러분의 귀한 에너지와 시간을 아껴드리고자 쓰였습니다. 성공이라는 신기루에 목을 매며 앞만 보고 달리지 마십시오. 여기서 설계한 복리 투자법을 삶의 무기 삼아, 남은 시간과 에너지를 온전히 가족과 자신의 행복에 쓰시기 바랍니다. 계좌가 굳건히 우상향하고 있다면 가끔은 투자금을 헐어 훌쩍 여행을 떠나거나 갖고 싶던 물건을 사도 괜찮습니다. 그 정도 여유는 너끈히 버텨낼 만큼 우리의 큰 틀은 이미 단단하니까요.

행복은 결코 먼 곳에 있지 않습니다. 조용히 눈을 감고 자신의 삶을 그려보십시오. 자산이 탄탄하게 우상향하고 있다면, 그 궤도 곳곳에 이미 행복이 숨어 있습니다. 남과의 비교를 끊어내고 내 삶에 숨겨진 행복을 찾아 온전히 누릴 수 있다면, 여러분은 이미 세상에서 가장 여유로운 '부자'입니다.

테니스 선수 로저 페더러가 말하는 챔피언의 조건

현실은 늘 뜻대로 흘러가지 않습니다.

인생이라는 게임에서는 어떤 방식으로 살아가든, 지는 순간을 피할 수 없습니다.

점수를 잃고, 경기를 내주고, 한 시즌을 통째로 망칠 수도 있습니다.

심지어 직장을 잃는 일도 생깁니다.

인생이란 원래 그렇게 오르락내리락하는 법입니다.

추락한 순간에는 자신을 의심하게 되고, 스스로가 초라하게 느껴질 수도 있습니다.

그러나 부정적인 감정에 머무는 것은 에너지를 허비하는 일일 뿐입니다.

정말 중요한 것은 어려운 순간을 견뎌내고, 다시 일어서는 법을 배우는 것입니다.

제가 생각하는 '챔피언의 증거'는 바로 그 능력입니다.

세상에서 최고인 사람들은 모든 포인트를 이겨서 최고가 된 것이 아닙니다.

계속 패배할 수 있다는 사실을 받아들이고, 그 패배를 감당하는 법을 익혔기 때문에 최고가 된 것입니다.

우리는 모두가 인생의 챔피언입니다.

제이투 Pick
우상향 ETF 30선
※ 2026년 4월 기준 데이터

미국 시장에는 비슷한 종목들이 참 많습니다. 블로그나 각종 ETF 책을 살펴볼수록 더 헷갈릴 수밖에 없는데요! 기준을 잡아드리겠습니다. 본문에서 설명한 ETF를 선택하셨다면, 다른 고민은 하지 마시고 그대로 밀고 나가면 됩니다. 제가 추가로 '제이투 Pick 우상향 ETF 30선'을 추천해드리는 이유는, 책에서 추천한 ETF와 어떤 점이 비슷하고 다른지 최소한의 데이터로 간단히 비교해보시길 바라는 마음에서입니다. '제이투 Pick 우상향 ETF 30선'에는 우상향이 예측되는 미국 반도체 ETF, 다우지수 추종 ETF, S&P500 추종 ETF, 나스닥 추종 ETF, 퇴직금과 연계 가능한 미국상장 국내 ETF를 추렸습니다. 이들 ETF에 분할매수와 집중투자 방식으로, 책에서 소개한 '실패하지 않는 투자 공식 6단계'를 그대로 적용할 수 있습니다.

'작은 종잣돈을 언제 불릴 수 있을까'라고 생각할 수도 있습니다. 하지만 종잣돈이 작더라도 적극적으로 도전하면 목표가 자연스럽게 생기고, 그 목표는 다시 행동으로 이어집니다. 그렇게 결국 자신만의 우상향 포트폴리오를 만들어갈 수 있다고 저는 확신합니다. 성공은 도전하는 자의 것이니까요.

반도체 우상향 ETF 추천

1. SOXX ETF

구분	티커명	운용사	운용보수	배당금	10년 평균 수익률
반도체	SOXX	iShares	0.3400%	0.41%	30.86%

SOXX ETF는 미국의 대표 반도체 ETF로, 시장에서 활발하게 거래되는 상품입니다. 브로드컴, 엔비디아, 마이크론 등 시가총액이 큰 반도체 대형주를 중심으로 편입해, 안정성을 중시한 포트폴리오를 갖추고 있습니다.

2. USD ETF (레버리지 2X)

구분	티커명	운용사	운용보수	배당금	10년 평균 수익률
반도체	USD	ProShares	0.9500%	0.35%	55.60%

반도체 레버리지 ETF 가운데서는 SOXL 3배 레버리지 ETF의 인기가 높지만, 추천하지는 않습니다. 자산의 30% 내에서 USD 반도체 레버리지 ETF 투자를 권합니다.

3. SMH ETF

구분	티커명	운용사	운용보수	배당금	10년 평균 수익률
반도체	SMH	VanEck	0.3500%	0.24%	33.69%

SMH ETF는 매출의 50% 이상이 반도체 생산, 설비, 기술 부문에서 발생하는 미국 상장 기업에 투자하는 상품입니다. 엔비디아, TSMC, 인텔, AMD 등 대표 기업을 중심으로 편입해 성장성 포트폴리오로 구성되어 있습니다.

4. XSD ETF

구분	티커명	운용사	운용보수	배당금	10년 평균 수익률
반도체	XSD	State Street	0.3500%	0.20%	25.48%

미국 주식시장 전체를 대표하는 S&P 토탈마켓 지수의 반도체 기업에 투자하고 있으며, 중·소형주 비중이 높고 변동성이 크다는 단점이 있습니다.

5. FTXL ETF

구분	티커명	운용사	운용보수	배당금	10년 평균 수익률
반도체	FTXL	First Trust	0.6000%	0.20%	27.69%

미국 반도체 섹터 회사 중에서 유동성이 가장 높은 회사들에 투자하고 있으며, 인텔, 엔비디아, 브로드컴 비중이 높습니다.

배당 성장 우상향 ETF 추천

6. SCHD ETF

구분	티커명	운용사	운용보수	배당금	10년 평균 수익률
배당 성장 우상향	SCHD	Schwab	0.0600%	3.80%	12.96%

최소 10년 연속 배당금을 지급한 기업을 편입 대상으로 삼고, 유동 시가총액 5억 달러 이상이라는 기준도 충족해야 합니다. 또 개별 종목 비중은 4%를 넘지 못하도록 하고, 단일 섹터 비중 역시 포트폴리오의 25%를 초과하지 않도록 설계해 안정성을 높였습니다. 수익성과 배당의 균형이 특히 뛰어난 구성이 강점입니다.

7. DGRO ETF

구분	티커명	운용사	운용보수	배당금	10년 평균 수익률
배당 성장 우상향	DGRO	iShares	0.0800%	2.03%	13.10%

미국 전체 산업군에서 꾸준히 배당을 키워온 기업들에 투자하는 상품입니다. 최소 5년 이상 배당을 늘려온 기업 가운데 배당성향이 75% 이하인 기업으로 구성되어 있습니다.

8. VIG ETF

구분	티커명	운용사	운용보수	배당금	10년 평균 수익률
배당 성장 우상향	VIG	Vanguard	0.0400%	1.54%	12.75%

최소 10년 이상 배당금을 꾸준히 늘려온 기업에 투자하는 상품입니다. 배당 성장의 지속성을 기준으로 포트폴리오를 짰으며, 브로드컴, 애플, 마이크로소프트 등이 대표적인 편입 종목입니다.

9. NOBL ETF

구분	티커명	운용사	운용보수	배당금	10년 평균 수익률
배당 성장 우상향	NOBL	ProShares	0.3500%	2.11%	9.64%

S&P500 편입 기업 중 최근 25년간 배당금을 꾸준히 증액해온 기업들로 포트폴리오를 구성하고 있습니다. 다만 평균 수익률과 배당 수준까지 함께 고려하면, 대체할 만한 다른 상품이 존재할 수 있다는 점은 염두에 둘 필요가 있습니다.

10. HDV ETF

구분	티커명	운용사	운용보수	배당금	10년 평균 수익률
배당 성장 우상향	HDV	iShares	0.0800%	2.96%	9.27%

재무 상태가 안정적이고 평균 이상의 배당금을 유지할 수 있는 미국 기업에 투자하고 있으며 배당률이 높은 상위 75개 기업으로 구성되어 있습니다. 대표적 기업은 엑슨모빌, 존슨 앤드 존슨, 홈디포, 코카콜라 등이 있습니다.

11. VYM ETF

구분	티커명	운용사	운용보수	배당금	10년 평균 수익률
배당 성장 우상향	VYM	Vanguard	0.0400%	2.26%	11.70%

대표적인 배당 성장 ETF 가운데 하나로, 안정성과 수익성의 균형이 뛰어납니다. 고배당 성향의 대형 우량주에 투자해 꾸준한 현금흐름을 확보하는 동시에 안정적인 성장까지 노릴 수 있는 상품입니다.

12. VTV ETF

구분	티커명	운용사	운용보수	배당금	10년 평균 수익률
배당 성장 우상향	VTV	Vanguard	0.0300%	1.94%	12.16%
대형주, 가치주 특징을 가진 미국 기업에 투자하고 있으며, 가치주 요건에 근거하여 시가총액 85%에 속해 있는 기업에 투자하고 있습니다. 대표적으로 버크셔 해서웨이 B, 제이피모간 체이스, 월마트 등이 있습니다.					

13. VOOV ETF

구분	티커명	운용사	운용보수	배당금	10년 평균 수익률
배당 성장 우상향	VOOV	Vanguard	0.0700%	1.72%	11.73%
S&P500 지수에 포함된 기업 중 세 가지 가치주 지표가 우수한 종목을 골라, 전체 시가총액의 33% 비중으로 포트폴리오를 관리합니다. 판단 기준은 ① 주가 장부가 비율(Book Value to Price Ratio), ② 주가 수익비율, ③ 주가 매출액 비율입니다.					

14. FDVV ETF

구분	티커명	운용사	운용보수	배당금	10년 평균 수익률
배당 성장 우상향	FDVV	Fidelity	0.1500%	2.80%	13.84%
배당수익률이 높은 업종 중심으로 비중을 배분하고, 배당 매력이 높은 대형주·중형주에 투자하는 구조입니다. 유동주식비율이 15% 이하인 종목은 제외하며, 재조정 시에는 고수익 섹터 비중을 최대 40%까지 반영해 포트폴리오를 운용합니다.					

15. FDL ETF

구분	티커명	운용사	운용보수	배당금	10년 평균 수익률
배당 성장 우상향	FDL	Fist Trust	0.4300%	3.68%	11.38%

일관된 배당 지급 기록을 지닌 미국 주식 가운데 수익률이 높은 상위 100개 종목에 투자합니다. 대표 편입 종목으로는 엑손모빌, 셰브론, 버라이즌, 화이자 등이 있습니다. 배당률은 SCHD 다음으로 높은 편이지만, 운용보수가 비싸다는 점은 단점으로 꼽힙니다.

16. SPHD ETF

구분	티커명	운용사	운용보수	배당금	10년 평균 수익률
배당 성장 우상향	SPHD	Invesco	0.3000%	4.26%	7.33%

S&P500 편입 종목 가운데 최근 12개월 기준 배당수익률이 가장 높은 75개 기업에 투자하는 상품입니다. 배당수익률은 4.26%로 높은 편이지만, 평균 수익률은 7.33%에 머물러 다른 배당 성장 ETF 대비 성과 면에서는 다소 부족할 수 있습니다.

다우지수 추종 우상향 ETF 추천

17. DIA ETF

구분	티커명	운용사	운용보수	배당금	10년 평균 수익률
다우지수	DIA	State Street	0.1600%	1.43%	12.89%

30개의 미국 Top 우량주로 구성된 다우존스 산업평균지수(DJIA)의 수익률을 추종하며 대표적 기업으로 골드만삭스, 캐터필러, 마이크로소프트, 암젠 등이 있습니다.

<h3 style="text-align:center">18. DDM ETF (레버리지 2X)</h3>

구분	티커명	운용사	운용보수	배당금	10년 평균 수익률
다우지수	DDM	ProShares	0.9600%	0.96%	18.86%

다우존스 산업평균지수(DJIA)의 일일 수익률을 2배로 추종하는 레버리지 ETF입니다. 레버리지 특성상 위험 부담은 크지만, 우상향 흐름을 전제로 제한적으로 활용할 수 있습니다. 투자 비중은 자산의 30% 이내로 두는 것이 좋습니다.

S&P500 추종 우상향 ETF 추천

19. SPY ETF

구분	티커명	운용사	운용보수	배당금	10년 평균 수익률
S&P500 지수	SPY	State Street	0.0945%	1.04%	14.91%

미국 증권거래소 상장 기업 가운데 시가총액이 큰 상위 500개 기업으로 포트폴리오를 구성합니다. 시가총액 11억 8,000만 달러 이상 기업이 대상이며, 대표 종목으로는 엔비디아, 애플, 마이크로소프트, 아마존닷컴 등이 포함됩니다.

20. SPYM ETF

구분	티커명	운용사	운용보수	배당금	10년 평균 수익률
S&P500 지수	SPYM	State Street	0.0200%	0.52%	15.02%

SPYM ETF는 SPY보다 운용보수가 저렴한 상품입니다. 비용 측면에서는 장점이 있지만, 배당금은 SPY보다 적다는 점이 단점으로 꼽힙니다.

21. SSO ETF (레버리지 2X)

구분	티커명	운용사	운용보수	배당금	10년 평균 수익률
S&P500 지수	SSO	ProShares	0.8800%	0.69%	23.04%

S&P500 인덱스의 일일 수익률을 2배로 따라가는 레버리지 상품입니다. 레버리지 특성상 위험 부담은 크지만, 우상향 기조를 전제로 일정 비중만 활용하는 전략은 가능합니다. 투자 비중은 자산의 30% 이내로 제한하는 것이 좋습니다.

22. VOO ETF

구분	티커명	운용사	운용보수	배당금	10년 평균 수익률
S&P500 지수	VOO	Vanguard	0.0300%	1.09%	14.99%

미국 증권거래소 상장 기업 중 시가총액 상위 500개 기업을 편입합니다. 시가총액 11억 8,000만 달러 이상 기업이 대상이며, SPY ETF보다 운용보수가 낮아 비용 부담이 적습니다.

23. IVV ETF

구분	티커명	운용사	운용보수	배당금	10년 평균 수익률
S&P500 지수	IVV	iShares	0.0300%	1.13%	14.98%

미국 증권거래소 상장 기업 중 시가총액 상위 500개 기업을 편입합니다. 시가총액 11억 8,000만 달러 이상 기업이 대상이며, SPY보다 운용보수가 낮아 비용 부담이 적습니다. SPY, VOO와 함께 자주 비교되는 대표적인 상품입니다.

나스닥 추종 우상향 ETF 추천

24. QQQ ETF

구분	티커명	운용사	운용보수	배당금	10년 평균 수익률
나스닥 지수	QQQ	Invesco	0.1800%	0.43%	20.19%

나스닥에 상장된 상위 100개 기업에 투자하며,
금융기관이 발행한 금융주는 제외합니다. 대표적인 나스닥100 추종 ETF로,
엔비디아·애플·마이크로소프트·아마존닷컴 등이 상위 포트폴리오를 이루고 있습니다.

25. QLD ETF (레버리지 2X)

구분	티커명	운용사	운용보수	배당금	10년 평균 수익률
나스닥 지수	QLD	ProShares	0.9800%	0.15%	32.31%

미국 나스닥 지수의 일일 수익률을 2배로 추종하는 레버리지 ETF입니다.
변동성과 위험은 있지만, 우상향 흐름을 활용하려는 투자자에게는 선택지가 될 수 있습니다.
다만 3배 레버리지 ETF는 제외하고, 자산의 30% 이내에서 운용하는 것이 적절합니다.

26. QQQM ETF

구분	티커명	운용사	운용보수	배당금	10년 평균 수익률
나스닥 지수	QQQM	Invesco	0.1500%	0.48%	14.40%

QQQ와 유사한 상품이지만, 운용보수가 조금 더 낮습니다. 1주 가격도 약 84달러로 QQQ의
204달러보다 저렴해, 소액으로도 보다 쉽게 접근할 수 있다는 장점이 있습니다.

퇴직금 연계 국내 상장 미국 ETF 추천

27. SOL 미국 배당 다우존스(H) ETF

구분	티커명	운용사	운용보수	배당금	10년 평균 수익률
다우지수	SOL 미국 배당 다우존스(H)	신한 자산운용	0.0500%	3.01%	6.27%

미국의 기업 중 10년 연속 배당금을 지속해서 주는 100개 기업에 투자하며 IRP 계좌를 통해 퇴직금을 직접 관리할 수 있는 상품입니다. 배당소득세 15.4% 과세이연 혜택을 누릴 수 있으며, 환율에 변동을 막아주는 환 헤지 상품입니다.

28. KODEX 미국 S&P500(H) ETF

구분	티커명	운용사	운용보수	배당금	10년 평균 수익률
다우지수	KODEX 미국 S&P500(H) ETF	삼성 자산운용	0.0500%	0.80%	14.85%

S&P500 지수의 흐름과 미국 대형주 500개 기업의 경쟁력을 반영한 국내 상장 ETF입니다. 다우지수와 나스닥의 중간 성격을 지녀 안정성과 수익성을 동시에 노릴 수 있으며, 퇴직금 관리용으로도 활용하기 좋습니다. 특히 환 헤지형 상품이라 고환율 국면에서 눈여겨볼 만합니다.

29. KODEX 미국 나스닥 100 ETF (H)

구분	티커명	운용사	운용보수	배당금	10년 평균 수익률
다우지수	KODEX 미국 나스닥 100 (H)	삼성 자산운용	0.0099%	0.52%	22.92%

미국의 대표 기술주 100개 기업에 투자하며, 환율 변동과 무관하게 운용할 수 있는 환 헤지형 ETF입니다. 기술주 특성상 배당 매력은 크지 않지만, 미래 기술 성장성을 감안하면 높은 수익률을 기대할 수 있습니다.

30. KODEX 미국 반도체 ETF

구분	티커명	운용사	운용보수	배당금	10년 평균 수익률
반도체 지수	KODEX 미국 반도체 ETF	삼성 자산운용	0.0900%	0.42%	37.32%

엔비디아, TSMC, 브로드컴, 인텔, AMD 등 미국 반도체 대표 기업에 투자하는 상품입니다.
퇴직금 계좌로도 직접 운용할 수 있어 활용도가 높습니다.
반도체 산업의 높은 성장성을 고려하면 수익 기대도 큰 편이지만,
아쉽게도 환 헤지형 상품은 아니라는 점은 고려해야 합니다.

지수부터 반도체 퇴직금 관리까지
'실패하지 않는 투자 공식 6단계'

분할매수, 집중투자 공식 적용하기

1. 매달 월급의 10%에서 20%를 투자자금으로 빼놓습니다. (최종 20% 목표)

2. 매주 또는 매달 50%만 투자하고 나머지 50%는 적립해서 모아놓습니다.

3. 인센티브나 간혹 들어오는 목돈은 집중투자 자금으로 빼놓습니다.

4. 따로 모아놓은 종잣돈은 나스닥 기준 고점에서 하락이 시작되면 투자할 준비를 합니다.

5. 나스닥 고점 대비 -20%일 때 모아놓은 종잣돈의 30%를 투자합니다. (나스닥 기준)

   나스닥 고점 대비 -30%일 때 모아놓은 종잣돈의 30%를 추가로 투자합니다.

   나스닥 고점 대비 -50%일 때 모아놓은 종잣돈의 40%를 추가로 투자합니다. (총 100% 투자 완료)

ETF 불패의 법칙

월급만으로 10억 불리고 월배당 500만 원 받는
40대 파이어족의 투자 전략 45

초판 1쇄 인쇄 2026년 4월 21일
초판 1쇄 발행 2026년 5월 2일

지은이 제이투
발행인 선우지운
편집 허유진
디자인 디스커버
제작 예인미술
출판사 여의도책방
출판등록 2024년 2월 1일(제2024-000018호)

이메일 yidcb.1@gmail.com
ISBN 979-11-24359-06-8 (03320)